花开的声音

主　编　朱红果
编　者　李超利　陈　惠　彭桃英
陈颖玉　刘旭明　周亚琼
谭　浪　谢水清

湖南师范大学出版社

图书在版编目(CIP)数据

花开的声音 / 朱红果主编 . —长沙:湖南师范大学出版社, 2017. 5
ISBN 978 - 7 - 5648 - 2698 - 7

Ⅰ. ①花… Ⅱ. ①朱… Ⅲ. ①作文—小学—选集 Ⅳ. ①H194. 4

中国版本图书馆 CIP 数据核字(2016)第 244514 号

花开的声音 Hua Kai de Shengyin
朱红果 主编

◇策划组稿:李 阳
◇责任编辑:李永芳 李红霞
◇责任校对:李 航
◇出版发行:湖南师范大学出版社
地址/长沙市岳麓山 邮编/410081
电话/0731 - 88873071 88873070 传真/0731 - 88872636
网址/http://press. hunnu. edu. cn
◇经销:新华书店
◇印刷:河北浩润印刷有限公司
◇开本:710mm × 1000mm 1/16
◇印张:11
◇字数:210 千字
◇版次:2017 年 5 月第 1 版 2024 年 9 月第 2 次印刷
◇书号:ISBN 978 - 7 - 5648 - 2698 - 7
◇定价:46.00元

凡购本书,如有缺页、倒页、脱页,由本社发行部调换。
本社购书热线:0731 - 88872256 88872636
投稿热线:0731 - 88872256 13975805626 QQ:1349748847

序

亲近文学，花开有声

我到云龙小学去过至少两次，与老师们做过业务心得交流。老师们热爱学习，责任心强，让我十分感动。学校致力于校园文化建设，已经卓有成效，我对此有着深刻而美好的印象。将孩子们的习作精心编印成册，成为“花开的声音”系列作品集，这是云龙小学在校园文化建设中一项有意义的举措，凝聚了老师们的心血和智慧。

习作是儿童学习和成长的成果。阅读孩子们的习作，可以从他们稚嫩的文字里得到大量的成长信息。比如，小作者的语言能力、思维方法、对待生活和感受生活的观念与方式、观察世界的方法、接人待物的方式、生活习惯、审美观念，等等，都能从习作中透露出来。

阅读本集孩子们的作文，我从中得到许多欣喜和愉悦。

我高兴地看到孩子怀着对家人温暖的爱，动手尝试——

我一大清早就起来了，心里想：“我一定要给妈妈准备一份特殊的节日礼物！”我三下五除二地穿好衣服，来到厨房，开始做早餐。我先开始洗锅，接下来烧水、洗菜、做汤、加入面条。我看着面条在锅里翻滚着，像五线谱上一根根线条。我忍不住尝了一口，呀，没熟。我吐了吐舌头，赶忙把那根没熟的面条吐出来。我用锅铲又翻了翻，煮了一阵，面条终于熟了！我一气呵成地把面条夹入碗中，噢耶！我给妈妈做的面条终于做好啦！

——谢可心

我喜欢看到家长和孩子一起出现在亲子活动现场，亲情互动将成为孩子一辈子的美好心灵财富——

爸爸挖好了一个大坑，让我扶住树苗，然后填好土。我接过铁锹，也填了些土。我一边浇水，一边好奇地问爸爸："这是什么树呀？那么香！"爸爸回答我说："这是香樟树呀。这种树长大后，树大荫浓，四季常青，枝叶茂盛，是我们建设美好家园的必备树种。""真的呀！太好了！"我又欢呼雀跃起来。

——徐梦莹

我惊喜于孩子对生活中的美好细节有着自己的观察、体验与发现，并且捕捉到作文里——

周老师特别和蔼可亲。记得有次大课间，周老师组织我们跳长绳。我看见长长的绳子从空中一直往下甩，看着就令人发颤，如果打到我一定会很疼的。我心里想着要落荒而逃，周老师看到我身体在躲来躲去就猜到了我的心思，她走过来拍拍我的肩，鼓励我说："勇敢点，别怕！"有了周老师的鼓励，我有了点信心，鼓起勇气向前一冲，使劲向上一跳，"耶，我跳过来了！"我激动得大声喊了出来。这时，我看到老师也冲我笑了笑。

——何天宁

我和爷爷在广场散步。突然，一个正在滑冰的小男孩猛地摔了一跤，重重地摔在了台阶上。爷爷马上走过去，不料由于速度过快，在下楼梯的时候自己也摔了一跤。"孙女哎，快来扶爷爷一把！"我跑上前把爷爷扶到椅子上。

刚坐下，爷爷就说："要不，我们去看看那孩子吧，说不定，我还能帮上什么忙呢！"

"哎呀，爷爷，人家男孩子的妈妈在那呢，我看您就别瞎操心了。我们回家吧，奶奶说不定都做好饭菜在等我们了，再不回去，菜都凉了!”我不紧不慢地劝道。

——陈语睿

我欣赏孩子带着审美的眼光去观察世界,去发现大自然的美与诗意——

村边苇塘的芦花被风吹起来,在村子里飘飘悠悠地飞着。天上飘着的浮云,像一块块红绸子,倒映在苇塘里。那玫瑰色的云块在蔚蓝的天空中,徐徐变换着形状——时而像人,时而像羊。密集的橙色光柱透过云层,直射青天。黄昏中,百年老松、千载古树,愈加显得伟岸、高大。满天红霞,好似天女撒下一件红衣裳。太阳已经完全下沉,可天空中的余晖仍未散去。直到月亮升起老高才渐渐变淡。

——黄宇琪

我赞赏孩子们在生活和游戏中,有创意地去行动——

我们还是迫不及待地堆起雪人来,我负责制作头部,先捏一个小雪球,然后找雪将小雪球慢慢的裹大,我觉得差不多了,停下来看看尹文嘉那边,他弯着腰在那拍打着,尽量让雪人的身子大一点,结实点,最后我们将两个雪球组合起来。哈,一个雪人初具雏形,我们给它安了个棒棒糖鼻子,一双黑木炭眼睛,一个胡萝卜片嘴巴和一双树枝手臂。总感觉缺点什么?我从妈妈店里拿上一小块布系在小雪人脖子上。快看,一个非常可爱的小雪人大功告成了!

——郭彬彦

我提倡孩子要特别重视在作文里表达自己的生命体验和心灵发现,而他们的体验与发现往往要从自己的行动中来——

我穿上滑雪靴后,腿弯不了,感觉脚沉甸甸的。我手里拿着滑雪板,一瘸一拐地走进滑雪场地。进门后,映入眼帘的是一片白茫茫的雪地,雪地上的人们就像一团团黑影在移动。我站在上面,教练教我们套上滑雪板。我已经迫不及待了,没等教练教完滑雪要领便奋勇地冲了下去。刚开始滑得还算平稳，我暗想：滑雪太容易了！结果呢，刚想到一半就“扑通”一声，摔了个人仰马翻。我狼狈不堪地爬了起来。这时候教练走过来对我说：“让我来教你吧。”我在教练的指导下学会了怎样进、怎样停、怎样快、怎样慢之后，便再次往下滑去。因为上次的失败，我的勇气像是被魔鬼吸走了一样，我一直小心翼翼地滑着，免得再次出洋相。这次滑得很成功，我欣喜若狂。我用同样的方法独自练习了一段时间后，我感觉越来越轻松，越来越熟练了。欢乐的时光总是过得太快，要不是因为时间问题，我真想继续玩下去。

——李宇

云龙小学的老师致力于拓宽孩子们的生活视野和阅读视野，指导学生主动地参与社会实践，积极地亲近大自然，从而打开生命感官，获得真切的感受、体验和发现。

我相信，有质量的习作过程是儿童学习与成长的重要途径。希望孩子们在具有探索性的学习活动与生活实践中，养成行动力、思考力、发现力和创造力，创造出自己的美好成长故事。那么，让习作变得更生动、更新鲜、更精彩，那是水到渠成的了。

邓湘子

2016年10月

（邓湘子，《小学生导刊》主编，中国作家协会会员。著有长篇儿童小说《像风一样奔跑》《兔子班的新奇事》《蓼花鼎罐》《牛说话》《石月亮 银月亮》等，以及作文专著《发现作文》《小发现者作文地图》等。获第九届全国优秀儿童文学奖、首届中国政府出版奖（图书奖提名）、第三届全国优秀少儿读物奖、第四届冰心儿童文学新作奖、第五届中华优秀出版物奖、首届张天翼奖宝葫芦大奖、第16届湖南青年文学奖）

目录

CONTENTS

2年级 小荷尖尖

3年级 含苞欲放

4年级 嫩蕊摇黄

5年级 姹紫嫣红

6年级 馨香满园

2年级

小荷尖尖

此时，孩子们还是春天里的一颗嫩蕊，文字简单，笔触稚拙。字里行间，印刻的是他们成长的年轮，抒写的是他们生命的欢歌。走进这些充满童真的词句，心灵将受到涤荡，被灵动的童心感动，被纯真的美好牵引。

春天来了

“轰隆，轰隆！”春雷来了，它叫醒了天空，敲醒了田野，唤醒了沉睡的山岭和村庄，大声地向人们宣布春天的到来。

春天是个美丽的季节！

春雨，像春姑娘纺出的线，轻轻柔柔地落在地上，滋润着大地。小草偷偷地从地里探出了脑袋，远远望去好像一块绿色的地毯。河岸上的柳树发芽儿了，嫩嫩的，绿绿的，像给小河披上了绿色戎装。桃花有的还是花骨朵儿，有的已经开出粉红色的花朵，小鸟在树上叽叽喳喳地叫着，好像在说：“春天来了！”远处的油菜地里已经开满了黄黄的油菜花，一大群蜜蜂在花丛中跳着舞，唱着歌，它们也好像在说：“春天来了！”

春天还是个快乐的季节！

春风吹在人们的脸上，柔柔的，暖暖的。我们终于可以脱掉厚厚的棉袄，换上轻便的春装，冲出家门去寻找春天。公园里，老人们有的在下棋，有的在散步，有的在聊天，每个人脸上都绽放着快乐的笑容。广场上，小朋友们有的在爸爸妈妈的陪伴下放风筝，有的跟小伙伴们在踢球，还有的在荡秋千，欢快的笑声飞出很远很远……

春天真是一个柳绿花红，鸟语花香，充满欢声笑语的季节，我爱春天！

（64班肖瑶）

点评：在小作者的笔下，春天变成了可爱的世界、欢乐的海洋，让读者想跟着小作者一起徜徉在这美丽的春天里。文章结构完整，条理清楚，语言优美，二年级的学生能有如此细腻的笔触，实属难得！

指导老师：邓洁

找春天

滴滴答，滴滴答，春雨滋润了大地，干渴的小草大口大口地喝着雨水，拼命地往上钻，想快点看到这美丽的世界。

呲呲呲，呲呲呲，是谁在敲我的门？花姑娘伸了伸懒腰，推开了花骨朵的大门，舒展的花瓣露出了娇嫩的笑脸。睁开眼睛一看，原来是春风姐姐。

轰隆隆，轰隆隆，春雷公公把藏了好久的大鼓重重地敲了起来，把冬眠的动物都叫醒了。

和煦的春光照耀着大地，气温回升了，人们终于可以脱掉笨重的棉袄。趁着这大好春光，爸爸妈妈带我去放风筝，顺便去找春天。风筝在半空中翻了几个跟头，最后还是顺利地飞上了天空。回家的路上，我看到地上落满了粉红色的花瓣，真像地上铺着一层地毯。路边的公园里，各种各样的花都绽开了自己美丽的笑容，在春风的吹拂下，散发出沁人心脾的香味。妩媚多姿的垂柳，飘起的长发轻轻地从人们肩头拂过，就像一位优雅的舞蹈家。

春天在绿色的田野里，春天在美丽的花园里，春天在人们的笑声里……春天，无处不在。

（64班周柄锟）

点评：在小作者的笔下，就像小作者说的，春天无处不在。春天在春雨里，在春风里，在春雷里，更在小作者的眼里。文章的结构很巧妙，先用三个独立自然段写出春天的到来，再把视角集中到小作者的一次踏青活动中，透过生动形象的语言，春天的美好跃然纸上！

指导老师：邓洁

春天来了

春暖花开、万物复苏的季节来啦！小草从地下探出青青的头来，花儿尽情地开着，有黄的、红的、白的、粉红的，空气中到处都散发着鲜花的香气，引来美丽的蝴蝶翩翩起舞，好像一个个小仙女，美丽极了！

春天来了！小河的水解冻了，小鱼儿随着流水摇摆着尾巴，快活地在水里游来游去。

春天来了！小动物们也开始活动了，鸟儿在枝头叽叽喳喳地叫着，那歌声真是美妙极了！

小朋友们放学了，赶紧也趁着温暖的春风去放风筝，在草地上欢快地跑着，笑着……

看着那漫天飞舞的风筝，我不禁想起了两句古诗：“儿童散学归来早，忙趁东风放纸鸢。”

春天，是五彩的，是欢乐的，是充满着希望的！我爱春天！让我们尽情享受这美好的春天吧！

（63班罗梓懿）

点评：在你的笔下，春天是多么美啊！老师从你的作文中看到了那绿绿的小草、盛开的鲜花，看到了飞舞的蝴蝶、快活的鱼儿、欢唱的小鸟和那放飞的风筝，这一切，无不让我们感受到春天的美丽与神奇。

指导老师：谭浪

美丽的春天

春天来了，柳绿花红，莺歌燕舞，小燕子从南方飞回来，好像在说："春天来了！"

花园里，迎春花摇着黄色的长辫子，桃花在树枝上笑红了脸。一阵春风吹来，花儿们随风舞动，芬芳扑鼻。

森林里，大树长出了嫩绿的芽儿，小草钻出地面，好奇地张望着，啊！多么明亮，多么美丽的世界呀！

小溪中，鱼儿在水里快活地游来游去，好像在说："春天真美啊！我得快快长大。"

春天是万物复苏的季节，是充满活力的季节，我喜爱春天！

（61班朱湘瑶）

点评： 春日的美丽被你善于观察的眼睛发现了，你用稚嫩的小手让这种美好跃然纸上，真好！你的作文思路清晰，写出了春天里不同地方的景致，语言优美而富有童趣，让人忍不住一读再读。

指导老师：李婷

3.12 难忘的植树节

清早起床，哇，好一个阳光明媚的早晨！今天不是植树节吗？我立马对爸爸说："爸爸，我们今天去植树吧！"爸爸说："好呀！"

说干就干。吃过早饭，爸爸就搬来了一棵茁壮的小树苗。我一路上问爸爸："这是要栽到哪里呀？""要栽到小区后面曾经被小朋友破坏的那块土地上。"爸爸说。"哇！爸爸，你跟我想到一块儿去啦！"我兴奋得一蹦三尺高。

爸爸挖好了一个大坑，让我扶住树苗，然后填好土。我接过铁锹，也填了些土。我一边浇水，一边好奇地问爸爸："这是什么树呀？那么香！"爸爸回答我说："这是香樟树呀。这种树长大后，树大荫浓、四季常青、枝叶茂盛，是我们建设美好家园的必备树种。""真的呀！太好了！"我又欢呼雀跃起来。

这是一个多么令我难忘的植树节啊！小朋友们，我们要爱护树木，美化家园，让我们的生活处处充满绿色，充满阳光！

（63班徐梦莹）

点评：小作者的这篇写话十分应景，能在植树节这一天想到美化小区环境，小小年纪，更是难得！特别值得提出的是，围绕"植树"，小作者和爸爸展开的一系列对话，充满了童真童趣。结尾点题，也让每一位读者深思：美化家园，我们能做些什么？

指导老师：谭浪

春 姑 娘

春姑娘，春姑娘，你终于来了！

小草从地下探出头来，吐出了嫩嫩的绿芽，远远看去就像绿色的地毯；花儿露出了红红的笑脸，桃花、杏花、梨花都在枝头笑弯了腰；田野里油菜花一大片一大片满是的，引得蜜蜂和蝴蝶在花丛中忙来忙去呢！

柳条抽出了长长的枝条，绿绿的柳条就像春姑娘的绿头发，在池塘边照着镜子呢！

看！草地上几个小朋友在放着风筝，风筝在他们手中越飞越高，飘在空中像小鸟，又像蝴蝶。小朋友也在明媚的春光里尽情地欢笑。

春姑娘将大地打扮得漂漂亮亮的！

（65班罗予婕）

点评：小作者运用拟人的手法，将春天的色彩和生机描绘得生动而美丽。小草探头，蜂蝶翩飞，花儿含笑，孩童玩乐，一切都是那么自然而明丽！

指导老师：马意

春天来了

春天来了，温暖的阳光照射着软绵绵的草地，各种各样的花儿都竞相开放。有的露出了两三片花瓣，有的花瓣全展开了，有的还羞涩地举着花骨朵。小草从地下探出头来，柳树姑娘梳着自己美丽的辫子。小朋友脱掉棉袄，冲出家门，有的在软绵绵的草地上滚来滚去，有的在放风筝，快活地喊叫着。温暖的春风吹过来，风筝随风舞动，越飞越高，小朋友一路随着风筝奔跑着，欢笑着，开心极了！

（65班冯凌初）

点评：小作者对春天充满了喜爱。小草、阳光、花儿和那奔跑的孩子和飘扬的风筝，构成了一幅动静结合的美丽春光图。

指导老师：马意

春天来了

春天来了，温暖的阳光照射着大地，让万物复苏了。看！柳树全都发芽了，地上各种各样的小草都长出了嫩嫩的叶子，有的草地里还开满了各种各样的小花。乘着温暖的春风，小动物们也都活跃起来了。小鸭子又回到了池塘里，快活地游泳了；小鸟们又回到了广阔的天空中，自由自在地飞翔了；小朋友们都跑出来玩耍了。瞧！那两个小朋友拿起风筝，迎着风儿飞快地跑啊跑啊，他们手中的线越放越长，风筝也越飞越高。他们一起玩得可开心了！

（65班张洣萩）

点评：春天在你的眼里，是那么的朝气蓬勃！有温暖的阳光，有发芽的柳条，有嫩绿的小草，还有各种小花……全文色彩明丽，生机勃勃，好一幅春色图！

指导老师：马意

我的课余生活

课余时间对于我们来说，那是快乐的天堂。

每天课余时间，我都会和同学们一起做游戏。我们最爱玩的游戏就是“抓敌人”。

游戏开始时，我们先分组。我和两个同学一组，另外三个同学就来抓我们。我们先选择躲藏的地方，这可是我们需要慎重考虑的事情。左思右想后，我们终于选好了地方。我们躲在国学厅的角落里，我扫视了一下四周，附近没有找我们的三个同学，感觉顿时轻松了许多。这时，不知从哪里一下子冒出一个抓我们的同学，他那双鹰一样的眼睛正在搜寻着。我们想赶快离开国学厅，赶快找新的躲藏地。没想到，又一个来抓我们的同学迎面扑来，我们手忙脚乱，奔向操场，对方另一个抓的同学赶来，两面夹击……跑啊，跑啊，我们好不容易脱出“险境”。我们趁现在没被抓住，凑到一块商量一下计划。我说：“等我们被发现的时候，就分头跑。”另外两个同学也这么想：“那逃出‘敌人’手掌心的时候，就在国学厅集合。”“那他们只追一个人怎么办？”大家又赶快想办法，最后还是觉得聚在一起好。我心里想：“还是聚在一起好，人多力量大。”

后来，我们追啊、跑啊、躲啊、藏啊，不知不觉就上课了。

这就是我的课余生活，快乐的课余生活。

（65班尹航）

点评：小作者将自己和同学一起玩游戏的过程写得清楚而生动，让老师看了也忍不住想加入游戏的行列。文章用词非常准确，语句流畅，细节描写很传神。

指导老师：马意

迟来的“三·八”礼物

妇女节那天，我因为没有给妈妈准备礼物，所以很伤心。这个周末，我决定自己亲手做一个节日礼物给妈妈。

这天，我一大清早就起来了，心里想：“我一定要给妈妈准备一份特殊的节日礼物！”我三下五除二地穿好衣服，来到厨房，开始做早餐。我先开始洗锅，接下来烧水、洗菜、做汤、加入面条。我看着面条在锅里翻滚着，像五线谱上一根根线条。我忍不住尝了一口，呀，没熟。我吐了吐舌头，赶忙把那根没熟的面条吐出来。我用锅铲又翻了翻，煮了一阵，面条终于熟了！我把面条夹入碗中，噢耶！我给妈妈做的面条终于做好啦！

我赶紧把面条端到桌上，恭恭敬敬地把妈妈请到餐桌前。“哇，好好吃！”妈妈尝了一口说，“这是我尝过的最最美味的面条！”

听了妈妈的称赞，我的心里比喝了蜜还要甜！

（63班谢可心）

点评：当你把自己的“杰作”——一碗热腾腾的面条献给妈妈的时候，老师真为你感到骄傲，你妈妈的心情一定跟老师一样激动吧！听，“这是我尝过的最最美味的面条！”妈妈对你的夸奖，也一定让你乐开了花吧？愿你一直做妈妈贴心的小棉袄！

指导老师：谭浪

欢欢喜喜过大年

盼望着，盼望着，终于过年了。

大年三十晚上，亲朋好友都从外地回来了，大家聚在一起非常热闹。而我们小孩子在一起玩游戏，非常开心。

除夕晚上，大伯拿出烟花，准备好迎接新年的到来。我们小孩子却早早地躲开了，只能远远地看着，因为那鞭炮太危险了。大伯用打火机点燃了引线，顿时天空中就像绽开了一朵朵美丽夺目的鲜花，格外明亮。紧接着，家家户户都放起了烟花，整个天空都照亮了。

放完烟花，爷爷奶奶给我们发了红包，我送给爷爷奶奶吉祥的话："祝爷爷奶奶身体健康，春节快乐！"爷爷奶奶笑得好开心。大年初一去了亲朋好友家拜年，初二去教堂，初三去了外公家拜年，初四去了海边玩耍……每天都过得好开心。

过完新年，我又长大了一岁，我许了许多愿望，希望家人都能快乐地在一起，我的学习表现也会更好。

（65班池嘉希）

点评：小作者从盼望过年，写到放烟花和发红包等事情，将新年的气氛渲染得非常热闹而隆重，让读者能从中感受到浓浓的年味儿。

指导老师：马意

美丽的校园

你猜我们学校美不美？让我带你去参观参观吧！

春天，百花争妍，迎春花儿是最早盛开的，它在花坛里挥舞着双手，好像在欢迎春姑娘的到来。在迎春花的带领下，小草偷偷地从地下探出了它的小脑袋，桃花在枝头笑红了脸，柳树在风中骄傲地甩着她的长辫子，小朋友们在树下跳绳、踢毽子，玩得可开心啦！

夏天，学校里的树木长得十分茂盛，操场边有棵高大的杨梅树，枝繁叶茂。夏天一到，树上的果子被太阳一照，全都变红了，红红的杨梅挂在树上，让人忍不住口水直流。小池里，巴西龟一到中午便躺在岸边的石块上懒洋洋地晒太阳。

秋天，校园里瓜果飘香，石榴在树上咧开嘴笑了，柚子高高地挂在树上好像一个个金黄色的灯笼，葡萄长廊上的葡萄也高高地挂在上面，抬头一看，呀！葡萄们一颗一颗挨在一起，晶莹剔透，很漂亮。

冬天，雪花像柳絮一样在天空中飞舞，落到了树枝上、草地上、头发上。大地铺上了一层洁白的地毯。小朋友们开心极了，一下课就兴冲冲地跑到操场上堆雪人、打雪仗，玩得不亦乐乎！

你们说，咱们的云龙小学美不美？

（62班张倩颖）

点评：校园在你的笔下多美啊！四季之景描绘得生动细致，春天的新生、夏天的繁茂、秋天的收获、冬天的欢乐，可以看出你平时就是个注意观察的孩子，拥有一双发现美的眼睛。

指导老师：曾艳

宽容的小猪

周末的上午，阳光明媚，小狗和小猫来到了宽阔的田野上踢足球。它们把球你传给我，我传给你，玩得不亦乐乎。

突然，一只小猪过来了，它提着菜篮子在田野边慢慢地走着。小狗和小猫玩得正高兴，并没有看到小猪向这边走来。突然，小狗一个“回旋踢”，一不小心将球踢到了小猪的头上。小猪被撞得一屁股摔倒了，只觉得眼冒金星，天昏地暗，手上的菜篮子也飞走了。

小猫和小狗看见了，赶紧冲上前，一个快速将小猪扶起来，一个帮小猪捡起飞走的菜篮子和里面的蔬菜。它们摸摸自己的小脑袋，羞愧地对小猪说：“对不起。”小猪连连摆手：“没关系，我不怪你们。”小猫和小狗感到很奇怪，问：“你为什么不责怪我们呢？”小猪憨憨地笑了：“我们应该宽容待人，更何况，你们也不是故意的。”小猫和小狗脸都红了，说：“谢谢你告诉了我们这个道理，以后我们会小心一点的。”

（62班陶俊豪）

点评：瞧！小作者将这个故事描写得多详细啊！像“眼冒金星”等词语的运用恰到好处，而且文章的结尾还告诉了我们一个小道理。可以看出他是一个宽容的孩子。

指导老师：曾艳

小鸭子得救了

星期六的早上，阳光明媚，小熊、小猴子、大象和小鸭子在森林里玩捉迷藏的游戏，它们你捉我躲，玩得非常开心。

突然，小鸭子一不小心掉进了一个大坑里，坑很深，小鸭子使劲地往上爬，可怎么也爬不上来。小鸭子惊慌失措地大喊："救命啊！救命啊！快来救救我呀！"三个小伙伴听到小鸭子的呼喊声，飞快地跑到大坑旁边。

这时，小猴子灵机一动，想出了一个好办法，它从森林里找到一根竹子，把竹子伸进坑里让鸭子抓住竹子往上爬，可是竹子太滑，小鸭子抓不稳，小猴子的办法行不通。

第二个想出办法的是大象，它把它的鼻子伸进坑里，可是，它的鼻子不够长，勾不到小鸭子，小动物们急得像热锅上的蚂蚁——团团转，坑里的小鸭子忍不住小声地哭起来。

站在一旁的小熊摸着头自言自语地说："小鸭子不是会游泳吗？"它像箭一样飞快地跑回家，提了一大桶水往大坑里倒，大象看了也赶紧来帮忙，它从小河里吸了一鼻子水喷进大坑里，坑里的水越来越多，小鸭子随着水慢慢上升，它终于得救了！小伙伴们开心得跳了起来！

这个故事让我懂得：无论遇到什么困难，都要勇敢面对，而且只要齐心协力，什么难题都难不倒我们。

（61班马俊驰）

点评：在这篇看图写话中，小作者思路清晰，将故事叙述得很完整，过渡自然，生动地描写出了小动物们的举动，还用上了不少成语，趣味盎然，最后还写出了自己的感悟，升华了主题。

指导老师：李婷

小鸭子得救了

在一个阳光灿烂的清晨，动物王国里的小动物们决定去森林里玩耍，高高的大象、聪明的猴子、可爱的小鸭子以及憨厚的小棕熊一路同行。

他们走呀走呀，突然，小鸭子掉进了一个陷阱里，陷阱里黑漆漆的，还有风在里面吹动的声音，小鸭子害怕极了。它大声喊道：“救命啊，救命啊……”

小伙伴们听到小鸭子的呼救声，连忙跑过来，一个个一边看了看陷阱里的小鸭子，一边在岸上踱来踱去，突然，小猴子停住了脚步，它一拍脑袋，说：“我有长长的尾巴，可以把小鸭子拉上来。”说完它立马趴在岸上，将尾巴伸进陷阱里。可是，陷阱太深了，够不着。

小棕熊看了看，跑到森林里抱了一根木棍，它擦了擦额头的汗水，说："我们把木棍放进去，让小鸭子爬上来吧！"说完就干，几个小伙伴一起将木棍放进去，可是，小鸭子怎么也爬不上来，原来，木棍太滑了。

小伙伴们十分着急，突然，大象看到了不远处的小河，它高兴极了，说："小鸭子不是会游泳吗？我们把水倒进陷阱里，小鸭子不就可以游上来了吗？"说完，它立马带领着其他动物去拿木桶接水，你一桶，我一桶……小鸭子慢慢游上来了。

小鸭子终于得救了。朋友们高兴得跳起来，他们一起拥抱，一起欢呼。

（62班何炳达）

点评：快乐的森林王国里有一群团结友爱的动物朋友们。瞧！在你的笔下，小动物们为了援助小鸭子那焦急的模样多生动啊！幸运的是，小鸭子得救啦！文章语言生动活泼，叙事清楚，是一篇不错的童话故事哦！

指导老师：曾艳

有趣的乌龟

今天，我做了一件非常有意思的事，就是观察小乌龟。

小乌龟非常有趣，它总是把身子倒过来，四脚朝天蹬来蹬去，很想把身体翻过来，可却总是在快要成功的时候又失败了，看到它可爱的样子，我忍不住哈哈大笑。

小乌龟的生活习性很特别，它有时在水里游泳，有时在岸上晒太阳。爸爸给它们买了一盏太阳灯照着，我想，它们一定是把灯当成真正的太阳了，瞧！它们正眯着眼睛享受“日光浴”呢，真是可爱极了！

每次我们都把食物扔在岸上，过了不久，食物就不见了，一定是被它们吃掉了，看来，小乌龟还很贪吃呢！

小乌龟实在太有趣了，我真喜欢它们！

（61班周昕儒）

点评：你是一个善于观察的孩子，生动地描写出了乌龟的可爱之处，虽然文笔还很稚嫩，但却不失童趣。孩子，自然界有许多奇妙的精灵，等着我们去发现，用你手中的笔，你定能描绘出一个更美的世界。

指导老师：李婷

3年级

含苞欲放

春天来了，我们没有理由辜负这一朵朵即将迎接春的盛宴的花儿，因为每一朵花儿就是一个孩子。让我们幸福地与每一朵含苞欲放的花儿深情对话，与每一颗雨水惺惺相惜吧。潜入花，便是花；潜入水，便是一粒晶莹。我们将聆听到一路欢歌……

表弟的故事

说起我表弟的故事，可是三天三夜也讲不完，你想听他的故事吗？那就继续往下看吧！

我的表弟胖嘟嘟的，眼睛一笑就眯成了一条缝，鼻子下面长着一张樱桃小嘴。人不可貌相，悄悄告诉你，其实我的表弟是一个霸道男。每次他来我家玩，我就甭想吃到一点点零食。他一进我家，就准会跑到我房间，把零食都找出来。饮料啊，薯片啊，饼干啊，糖啊，全部塞进了肚子里，可恶！最糟糕的是，当我全神贯注地写作业时，表弟会故意把电视机打开，把声音调到最大。害得我没法专心学习，只好跑到房间锁上门。可是，这时表弟又马上关掉电视，拿起口风琴，跑到房间门口，鼓起腮帮子，瞪大眼睛，在那里乱吹一通，就是聋子也都会受不了。还有可气的时候。有一天晚餐，我本来夹到了最后一个鸡腿，可表弟见了就不依，直嚷着没吃饱，在那里哭爹喊娘。哎，我只好把那美味的鸡腿拱手让人了。

虽然表弟缺点很多，不过优点也不少哩！比如他很爱看书，就因为太爱看书了，有一次还走丢了。“别看书了，快走！”舅妈说，“要不然等下不给你买海苔吃！”“哦。”表弟极不情愿地跟舅妈走了。到了超市，那里人山人海，表弟一边看书一边走路，一下子就走丢了。正当舅妈急得像热锅上的蚂蚁——团团转时，我急中生智，想到了让广播站帮我们找表弟。

我的表弟真是让我又爱又恨啊！

（59班袁家旺）

点评：一气呵成读完本文，我不得不为这个孩子拍案叫绝，幽默夸张的语言，将一个霸道、蛮不讲理但又爱看书的表弟活灵活现地展现在我们面前。本文的过渡语也用得不错，如：虽然表弟缺点很多，不过优点也不少哩！

指导老师：李超利

外公家的美景

我的外公家在乡下，那儿的风景让我心驰神往！

外公家门前的田野可大了。周长有，呃……我算一下……有二十米左右。我还在那挖了陷阱呢！去看看它一年四季有多美吧！

春天，田野里有数不胜数的蔬菜、花果，像一个食物天地。我仿佛进入了一个世外桃源，在那里吃喝玩乐。

夏天的早晨，各种各样的植物上都被夏大叔派来的雨露姑娘撒上了雨粉（制造雨露的粉末）。辣椒红了，像一团团舞动的火焰，又像是一个被警察追得落荒而逃的最终措手不及的小偷。

秋天，田野里一派丰收的景象。葡萄架上的葡萄像珍珠一样璀璨无比，引来了偷吃的小鸟“吱吱”地叫着。黄澄澄的橘子压弯了枝头。又是一个丰收年。

冬天，冬阿姨撒下一场大雪，田野里一片白茫茫。这是我最喜欢的季节，因为我可以在田野里撒开脚到处踩下脚印，滚几个雪球堆雪人玩。

当然，最有趣的就要数我在田野里挖的陷阱了。我挖一个小坑，上面用枯树枝和草掩盖着，用它来抓偷菜的动物，结果弟弟却踩进去了。哈哈！

怎么样，我外公家的景色也让你心动了吧？有机会一定带你去看。

（59班张家维）

点评：小作者用俏皮、活泼的文字写出了外公家景色的美丽：“呃……我算一下”“哈哈！”等等。同时字里行间蕴藏着童年的快乐和无忧无虑。条理清晰，过渡巧妙自然，值得品味。

指导老师：李超利

家乡的荷花

我的家乡湘潭素有“莲乡”之称，我一直央求妈妈带我去赏荷花。这个美好的愿望在星期天终于实现了。

驱车来到河口镇，那里有数不胜数的荷花。走到荷花池旁，闻着那淡淡的、清新的香味，看着那满池美丽的荷花，我忽然想化身为一朵毫不起眼的荷花。刚下完雨的荷花池，荷花显得更加美丽，荷花花瓣上蓄满了水，一颗颗晶莹剔透的水珠滚落下来：有的水珠在花瓣上摇摇欲坠，调皮极了；有的水珠，清清的，滚来滚去，可爱极了！——荷花有的已经成了一个个淡绿色的小莲蓬，多么像一个个玉如意呀！

黄昏时分，红色的光照射在荷花上，刹那间，白荷花被红色的光一照全都成了红色的荷花了，看到这番情形，我脑子里忽然闪过宋代大诗人杨万里的一句诗“接天莲叶无穷碧，映日荷花别样红”。

看着这一池美景，我忽然觉得自己仿佛就是一朵荷花，穿着粉红色的衣裳，站在黄昏时分的光里。一阵微风吹过来，我就迎风起舞，粉红的衣裳随风舞动。不光是我一朵，一池的荷花都在舞蹈。风过了，我停止了舞蹈，静静地站在那儿。青蛙跳过来，告诉我捉了多少只害虫。蜜蜂在头顶上飞过，告诉我今天采蜜的成果……过了一会儿，我才记起，我不是一朵荷花，我是在看荷花呢！

我最欣赏的其实不是荷花的美丽，而是它“出淤泥而不染，濯清涟而不妖”的品质。

（59班贺昱）

点评：小作者观察仔细，用较为细腻的笔墨描写了荷花的清香沁人心脾以及荷叶上那晶莹剔透的小水珠，让小水珠的可爱、调皮形象跃然纸上，更映衬出荷花的美。另外，黄昏时，荷花在夕阳的照射下格外耀眼，小作者巧妙运用诗句，为文章增添不少色彩。文章的结尾再次让主题得到升华。

指导老师：李超利

快乐的春节

春节是我国的传统节日，每年农历的正月初一就是春节。春节这天，有中国人在的地方，一定都是欢声笑语、喜气洋洋、热闹非凡！而我呢，也特别喜欢过春节，知道为什么吗？就让我来告诉你吧！

每次过春节，都要走亲访友。乡下的爷爷奶奶家对我来说简直就是一个让我开心无比的乐园。那里有很多好吃的和好玩的。正月初一的一大清早，那里的人们就会到邻居家去拜年，每个人见面都是“新年好”“恭喜发财”“身体健康”的祝福话语，让人觉得心里暖洋洋的，长辈们还会给小朋友的口袋里塞上满满的糖果，那时我的心里可真是乐开了花儿！

放烟花、燃爆竹也是我最感兴趣的事。到了晚上，各种各样的礼花相继在空中升起，真是五彩缤纷、绚丽夺目，每一次随着烟花在空中绽放，我们都会欢快地呼喊，一束束礼花和一声声爆竹声似乎都代表了人们对新年的祝福。

当然，春节带给我的快乐还不止这些。这一天，我还会收到很多长辈们的红包，他们都会对我说些鼓励和祝福的话，希望我好好学习、身体更棒，我也衷心地祝福他们身体健康，爷爷奶奶和外公外婆都能长命百岁，每天都快快乐乐！

我喜欢春节，还因为在这个日子里，我可以和爸爸妈妈、爷爷奶奶、外公外婆，还有很多亲人朋友在一起，平日里见不上几面的舅舅姨妈也都可以和我们欢聚。大人们在聊着家常，我们小孩子们则在一起尽情地玩耍，真是让人觉得快乐无比！

我爱这个处处洋溢着快乐和幸福的节日。

（58班陈子仪）

点评：春节是我国最盛大的传统节日，小作者抓住了过春节时的传统进行详细的描写，运用细腻的文字，表达了自己对春节的喜爱，同时，一个欢乐祥和的春节场面也跃然纸上。

指导老师：罗晓佳

握不破的鸡蛋

丁零零，下课了，59班的教室里仍然飘荡着我们的欢笑声。原来，这节作文课李老师和我们玩了一个有趣的游戏——握鸡蛋。

一上课，李老师就一脸神秘地走进教室，“同学们，老师今天给你们带了两个‘朋友’过来，想不想认识一下它们呀？”李老师笑眯眯地问。

“当然想啦！我还想仔细看看它们长得怎样呢！”我们异口同声地回答。

“那好吧！”李老师很爽快，说完便不慌不忙地从随身携带的盒子里拿出两个鸡蛋。那鸡蛋圆溜溜的，小巧玲珑，看上去也没什么特别之处。

“这两个鸡蛋昨天被我施了魔法，变得坚硬无比，如果谁能握破，谁就是我们班的大力士！”李老师神秘兮兮地说。我心想：不就是一个小小的鸡蛋嘛！对本大爷来说不过是“张飞吃豆芽——小菜一碟”啊！这时讲台下一片混乱，同学们一个个摩拳擦掌，满怀信心，跃跃欲试。

首先派出的是强壮的徐胜前。他一上台，就一把从李老师手中抓起鸡蛋，使劲一握，出乎意料，鸡蛋居然完好无损，怎么回事？同学们都很疑惑。徐胜前也不服气，他咬紧牙关，眉头紧皱，使出全身力气再次向坚固的鸡蛋发起了挑战。只见他憋得面红耳赤，手也不听使唤地抖动起来，大约坚持了两分钟，鸡蛋仍然完好，他不得不以失败告终，然后灰溜溜地回到座位上。看他那样子，真像一只斗败的公鸡。

第二个上场的是女胖子刘嘉彤，你瞧，她眼睛直瞪着鸡蛋，像是跟它有仇似的。她肯定在想“捏碎你！捏碎你！”可鸡蛋像是也不给面子，就是不破。

接下来上场的还有贺昱、朱紫宁、文子怡……都是信心满满地上去，垂头丧气地下来，没有一个成功的。就在大家百思不得其解时，老师给我们道出了其中的奥秘——薄壳原理，同学们这才恍然大悟。

握鸡蛋的游戏既好玩又让我们学到了知识，同学们个个意犹未尽，真想再来一次。

（59班邓尊允）

点评：一口气读完小作者的文章，不得不竖起大拇指。首先小作者的语言十分生动，神态描写传神，描写了老师走进教室时的神秘，同学握鸡蛋时的满脸通红；对话描写巧妙，注意了提示位置的变化，灵活的分段；还有那富有表现力的成语。其次行文十分流畅，给人一种一气呵成之感。

指导老师：李超利

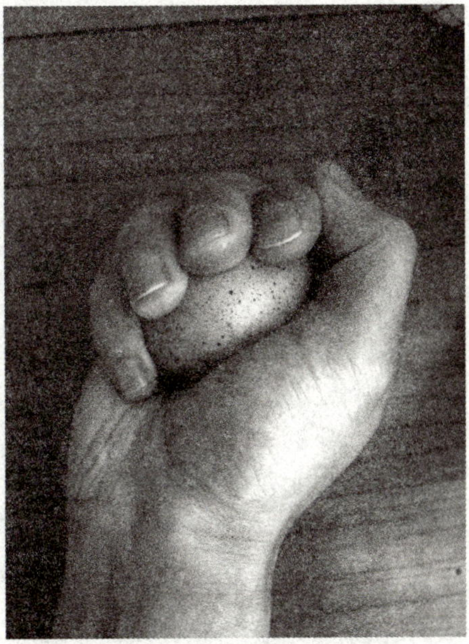

神农架之旅

今年暑假，爸爸带我和表哥去神农架游玩。

我们先去了雄伟的长江三峡，那里风景优美，空气清新。

第二天一早，我们告别了长江三峡，开车来到了神农架，寻觅传说中野人的踪迹。那里枝繁叶茂，绿树成荫，沿着蜿蜒的盘山道路，我们一路向上，一路欣赏着沿途的风景……

突然，“砰”的一声，好像爆了什么东西似的，我们赶紧下车，翻来覆去地寻找爆炸源，当得知是扶手架上的薯片袋爆了，我们一行人悬在心中的那颗石头终于落地了，总算是有惊无险。

神农架，终于到了！我们迫不及待地下车，首先闯入我们眼帘的是无数的台阶，这些台阶似乎与天相接，我们不断地惊呼着。爸爸在一旁解说，告诉我们这台阶有三千级，当听到“三千”时，我们惊呼道：“哇！见过高的，没见过这么高的！”这时，我开始有些怀疑自己能否爬上去，仰着头：“爸爸，我们真的要一级一级地爬上去吗？”爸爸摸着我的头说：“小家伙，开始打退堂鼓了？有句话说得好‘千里之行，始于足下’‘世上无难事，只要肯攀登’，加油！我们定会爬上去的！”听了爸爸的话，我好像一辆加满了油的小宝马，向前奔去……渐渐地，渐渐地，太阳也越来越耀眼，身上的汗也如雨下，我这“小宝马”步伐也越来越慢，爸爸看着我这个样子，“要不，休息下？丁丁！”我本来想证实自己是行的，但是双脚却不听使唤，已经实在迈不开了，我瘫坐在地面上，爸爸赶忙递上矿泉水：“休息是为了更好地往上爬！”经过一番休整后，爸爸又开始发话了：“孩子们，坚持就是胜利。”听着爸爸的话，我似乎又来了力气，于是，鼓足了劲，向上爬去……

一路上，我们走走停停，停停走走，经过五次的休整后，我们终于爬上了山顶。

站在山顶，凉风习习，让人倍感舒适。这次神农架之旅，不但让我磨砺了意志，而且还让我懂得了“世上无难事，只要肯攀登”的道理。

（56班陈张弛）

点评：真好！一次爬山，让小作者收获满满的，不但文章漂亮，而且还磨砺了意志，懂得了道理。文章开门见山，开篇点题，看来《爬天都峰》一课给你留下了深刻的印象哦。

指导老师：彭灿

放烟花

期盼已久的春节终于到了，在这喜庆的日子里，家家户户都忙着购置年货、吃团圆饭、拜年，而我们小朋友最期待的活动非放烟花莫属了。

一大清早，我就掏出自己的零花钱去商店购置了一箱子的花炮。当夜幕降临时，我迫不及待地拉着爸爸来到前坪放烟花。我们先放了一种叫“圣诞树”的烟花，我点燃了引线迅速跑到三米以外的距离，只听“砰”的一声，火花从烟花管里窜出来，一会是蓝，一会儿是紫，五彩缤纷的火花窜得越来越大，越来越高，越来越亮。紧接着，我又拿出一种叫“长空火箭”的烟花，在引线处点燃，“嗖”的一声，它尾部喷射出的火焰，直冲夜空，不一会儿在空中炸开了，变成了许多彩色的小花瓣，慢慢地飘落下来。这时候整个夜空都被照亮了，我觉得自己仿佛就是一束烟花，蹦向了五彩的夜空。

忽然，一阵寒风吹来，我才清醒过来，原来自己不是烟花，而是在放烟花啊！

（60班周子恒）

点评：爱玩是孩子的天性，它透露出孩子的童真快乐。小作者用细致的观察，具体描写了放烟花的过程，尤其是烟花升上天空展开的那一些瞬间都被作者一一捕捉，读此文，仿佛有一朵朵色彩艳丽的花儿在我眼前绽开。

指导老师：周婷

新疆美

新疆在我国的西部，是我国省份自治区面积最大的地方，那里风景优美，物产丰富，一年四季鸟语花香。

春天，小草好奇地探出头来，整个那拉提草原像绿色的海洋。树木抽出新的枝条，长出嫩绿的叶子，山上的冰雪融化了，小溪奔流不息，淙淙地流着。

夏天，树木长得葱葱茏茏，密密层层的枝叶挡住了蓝蓝的天空。沙地里可热闹了，有的小朋友在堆沙子，有的在玩沙滩车，还有的在吃着冰棒。在不远处的玉米地里，牧民盖着头巾正在辛勤地劳作。

秋天真是绚丽多彩呀！花儿穿上彩色的新衣服，比比谁更美呢！红彤彤的苹果挂在树枝上，好像一个个红灯笼照亮了全世界。梨子小弟个个长得都很大，像一个个大胖子将军。葡萄一大串一大串地挂在绿叶底下。有红的、白的、紫的、青绿的，五光十色，美丽极了！沙果看上去让人直流口水，小朋友的脚常被那香味勾住。还有红枣，有小手那么大，咬上一口，那甜甜的味道让人久久不能忘怀。各种各样的果子挂在枝头，都等着人们去摘呢！

冬天，西北风呼呼地刮过树梢，雪花在空中飞舞，牛、羊、马不得不躲进草棚里，雪山上的积雪常常没过膝盖，小溪上结了一层层厚厚的冰，牧民们都围坐在了帐篷里烧起了熊熊大火，吃起了美味的羊肉和可口馕饼。

这就是新疆一年四季的景色。鸟语花香的春天，让人直流汗的夏天，绚丽多彩的秋天，雪白如玉的冬天，怎么样，你说美不美?

（60班刘弈伯）

点评： 美丽的新疆四季如画，细心观察的你，抓住了新疆春、夏、秋、冬最具代表性的景致来描绘。多处运用了比喻和拟人的修辞手法，恰到好处的借用平时积累的好词好句，让读者感受到了新疆的美，并对这座魅力之城产生无限向往。

指导老师：周婷

寒假趣事

腊月二十八日下午，我经历了一件非常有趣的事！

午饭后，烈日当空。我感到闷热，就来到奶奶家院子外玩耍，突然看见一堆干枯的柴草，我灵机一动：哎，烧柴草玩吧！于是我叫来了爸爸和弟弟，我对爸爸说："老爸，我们把这些柴草烧了吧，正好帮奶奶打扫打扫。"爸爸说："这个主意不错！"他立马从口袋里拿出打火机，点燃了干枯的柴草，火苗慢慢变大，发出噼里啪啦的响声。两位姑姑见了也过来凑热闹："这柴火可烤红薯呢！"我马上跑进厨房问奶奶要红薯，奶奶拿出了好多个大大小小的红薯给我，我高兴地跳起来大声喊道："红薯来了！红薯来了！"

爸爸把红薯埋进火堆里，我们又四处找来可燃的柴草，爸爸在那当总指挥，我和弟弟还有两位姑姑在一旁说呀，笑呀，奔跑呀。好开心啊！我时不时问爸爸红薯烤熟了吗？可以吃了吗？爸爸说我是只小馋猪，等不及了。不一会儿我闻到了一股烤红薯的香味，我叫爸爸快点扒开火堆，找出红薯，香喷喷的红薯出炉了。我们五个人一齐凑过去，抢红薯吃，弟弟没抢到，他哭了，还弄了个大花脸，我们却笑得眼泪都流出来了。我让了一个给弟弟吃，他马上笑起来了。

这次烧柴草烤红薯的事太有趣了，爸爸和两位姑姑仿佛回到了童年，而我和弟弟却尽情地享受了童年的快乐。

（57班楚子曦）

点评：小作者的文字让人身临其境，仿佛也在烤红薯，仿佛也在奔跑着、欢笑着，仿佛闻到了那股香香的红薯味，让读者忍不住吞了吞口水。更可贵的是，文章的语言生动有趣，字里行间流露出童真童趣。

指导老师：肖彬彬

握不破的鸡蛋

星期天下午上作文课，罗老师一脸神秘地走进教室说："同学们，今天我给大家带来了一位特殊的朋友。"边说边从口袋里拿出了一个鸡蛋，说："谁今天要是能把这个鸡蛋握破，谁就是我们班的大力士。"

同学们跃跃欲试，纷纷举起了手。老师首先请了人高马大、四肢发达的罗洋，他信心十足地上了讲台，使出九牛二虎之力，鸡蛋居然没有破！他不甘心，咬紧牙齿继续加力，没想到鸡蛋居然毫发无伤，他只得甘拜下风，像一只斗败的公鸡，灰溜溜地下了讲台。

第二个尝试的是我们班公认

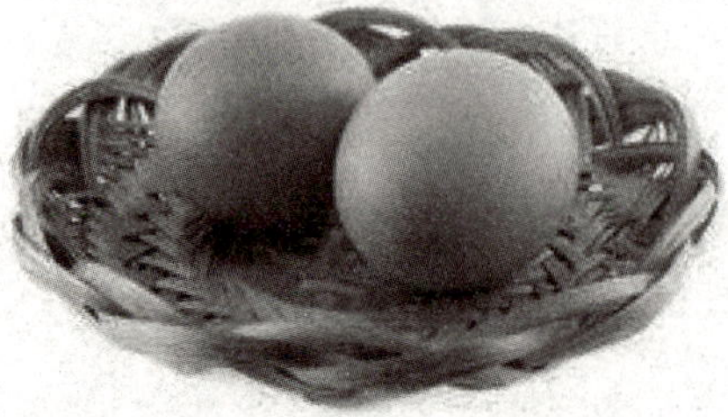

的大力士——马博豪。他胸有成竹地走上讲台，握紧鸡蛋，紧锁眉头，使出了吃奶的力气，可是鸡蛋竟然还是完好无损！他也只好面红耳赤地下了讲台。

两个同学都失败后，罗老师开始让我们每个人都进行尝试，一个又一个握完了，鸡蛋仍然丝毫没有要破裂的意思。终于轮到我了，我想：我一定要使出全力，让大家对我刮目相看。当鸡蛋传到我手上后，我用整个手掌紧紧包住鸡蛋，集中全力，使劲一握。鸡蛋似乎穿上了一层铠甲，居然没有一点动静，我又接着用力，反复尝试了好几次，全身都开始发热，手都开始发抖了，结果还是失败了。

等大家都尝试完，鸡蛋又原原本本地回到了老师的手上，大家都开始怀疑鸡蛋有问题，这时，老师告诉我们：是因为鸡蛋表面的曲面结构能够很好地分散所承受的压力。因此，即使鸡蛋壳很薄，但它却仍然能很好地抵抗外界的冲击。科学家将这种现象称为“薄壳原理”。原来如此，听了老师的讲解后我们恍然大悟。

一个小小的鸡蛋都能让我们得到这么大的启示，看来只要我们留心观察身边的事物，就一定会有大大的收获。

（58班李怡然）

点评：这是一篇游戏作文，小作者通过细致的观察，将游戏过程中大家的表现以及自己在参与游戏过程中的心理活动和动作进行了详细描写，突出了游戏的趣味性和科学性，并通过游戏有所感悟，对文章主题进行升华。

指导老师：罗晓佳

小雪人

早晨，我起来的时候拉开窗帘，哇！眼前白茫茫的一片，“下雪了！”我不由得惊叹道。只见窗外白雪飘飘，给树木、道路、房屋都披上了一件件雪白的衣裳。我穿好衣服，戴上手套，迫不及待地想投入到这冰天雪地里呢！

不多久，我来到妈妈店里，尹文嘉也在，虽然雪没有完全覆盖着大地，我们还是迫不及待地堆起雪人来，我负责制作头部，先捏一个小雪球，然后找雪将小雪球慢慢的裹大，我觉得差不多了，停下来看看尹文嘉那边，他弯着腰在那拍打着，尽量让雪人的身子大一点，结实点，最后我们将两个雪球组合起来。哈，一个雪人初具雏形，我们给它安了个棒棒糖鼻子，一双黑木炭眼睛，一个胡萝卜片嘴巴和一双树枝手臂。总感觉缺点什么？我从妈妈店里拿上一小块布系在小雪人脖子上。快看，一个非常可爱的小雪人诞生了！我们高兴得手舞足蹈，又蹦又跳，我们开心地叫着，互相追赶着，嬉闹着，尽管我们的小手冻得通红，但是我们心里热乎乎的。

感谢这场雪，虽然不是很大，但给我们带来了许多快乐！

（57班郭彬彦）

点评：欣赏小作者的文章，我仿佛看到了一幅欢乐堆雪人图。小作者用拟人的修辞描绘了一幅美丽的雪景图。用生动、有趣的语言表达出堆雪人的快乐，让人读完都意犹未尽。

指导老师：肖彬彬

小客人来了

今天，西西妹妹和逗逗妹妹来湖北五峰奶奶家了，我很高兴。

奶奶家住在农村，因此除了大人们的手机，好像没有什么好玩的东西。大人们不愿意我们玩手机，我们仨只好无聊地坐在门口的台阶上。眼尖的西西妹妹看到了一根不锈钢棍子，立马捡起来。我见这小东西好像是个不错的玩具，于是不顾地主之谊，厚着脸皮说："这是我的。"西西妹妹不相信，紧握着棍子不肯松手。僵持了许久，我们就吵起来了。妈妈见了，立马当起了和事佬，并且告诉我，作为哥哥不应该以大欺小，更不能对待自己的客人这么不友好。听了妈妈的话，我冷静地想了想，心中后悔极了，立马跑去向西西妹妹道歉。

为了表示我的友好，我提出来玩游戏。这个游戏的名字叫登山。正好奶奶家有个小山坡，那儿最适合我们玩游戏了。西西和逗逗好奇地问："这游戏怎么玩啊？"我耐心地解释了一番，西西立马答应加入我的游戏，可逗逗有些胆小，不敢玩，决定在旁边当观众。游戏开始了，我和西西右手拿着竹竿，凭借竹竿的力量从山坡上飞快地滑了下去，我们高兴地叫着，喊着，好刺激呀！爬坡就更好玩了，我们手拿着竹竿插在泥土里，脚使劲一蹬，爬上斜坡。就这样，我和西西妹妹一会儿上坡一会儿下坡，玩得不亦乐乎。但是逗逗妹妹只能眼睁睁地看着我们玩，终于她忍不住诱惑了，也加入了我们的队伍。开始逗逗妹妹有点怕，不过在我和西西的帮助下，逗逗顺利地爬上了斜坡，和我们一起体验飞一般的感觉。时间过得飞快，转眼间就要吃晚饭了，我们只好恋恋不舍地离开了。

（57班赵彦斐）

点评：读完这篇文章觉得小作者成长了不少，明白了作为主人要热情待客，要友好待客。当然爱玩是孩子的天性，小作者用生动有趣的文字让读者感受到玩耍的快乐。

指导老师：肖彬彬

我爱昭山

初到昭山，我就被昭山的美丽所吸引。

昭山的旁边有一条河，河水清澈见底，河里小鱼游来游去，嬉戏着，你追着我，我追着你，好不快乐。

从山脚到山顶，都是古人用麻石砌成的路。路旁有各种各样，郁郁葱葱的树，就像在为你服务似的，遮住了夏天毒辣的太阳，还你一片阴凉的地方。从远处看，绿树一大片一大片就像绿色的海洋，他们在呼唤着我，吸引着我。

不知不觉，我们来到了坐落在山顶的寺庙，寺内安放着一座观音菩萨，她面容饱满，慈眉善目，看上去是那么的典雅，栩栩如生。人们来到寺庙里，都要烧上一炷香，拜拜菩萨，以祈祷平安、健康。美丽的自然风景和浓郁的佛境气氛，使昭山蒙上了一层神秘的色彩。

山环绕着树，树点缀着山，形成了一幅绝妙的风景画。我爱这如画的昭山。（58班盛子涵）

点评：小作者观察仔细，描写细致，加上生动形象的比喻、拟人，使人读了有身临其境的感觉，文章首尾呼应，也使作者喜爱昭山的思想感情表露得更为自然充分。

指导老师：罗晓佳

奇妙的梅山龙宫

梅山龙宫位于湖南省中部，是新化县境内的一个大溶洞，号称“天下第一洞”。那里每天都会有成千上万的人去旅游，游客们都被这浑然天成、鬼斧神工的自然景观给迷住了。

国庆期间，爸爸开车带我们一家来到了风景如画的梅山龙宫，一路上我充满了期待。刚进入洞内我就被形态各异的钟乳石给吸引住了：它们有的直插到洞顶，像粗壮的立柱；有的像刚出土的竹笋；有的像倒挂的香蕉；还有的像老人，在聚精会神地下棋……各种各样的钟乳石多得数不清，让人应接不暇！

整个溶洞潮湿而凉爽，时不时地有水珠滴到头上，爸爸告诉我：“这些钟乳石及溶洞是经过成千上万年溶积而成，它们的形成速度很慢，大约一百年也只能长两厘米左右。”可以想象，要形成这样一个大溶洞和千姿百态的钟乳石，那需要多长时间呀！

梅山龙宫真是太奇妙了！愿游客们在旅游时注意保护好自然景观，让奇妙的梅山龙宫更加富有魅力！

（56班彭俊霖）

点评：文章的语言生动流畅，结构、层次也非常明晰，并且成语的运用也恰到好处，同时，小作者在结尾还不忘呼吁人们要爱护自然景观，看来“两型”已经在小作者心中扎下了根哦！

指导老师：彭灿

美丽的秋色

秋姑娘，悄悄地，悄悄地，趁你没留意，给大地换上了五彩缤纷的新衣裳。

秋姑娘来到田野上，重重地抹上几笔。顿时，稻谷黄了，一阵秋风袭来，稻田掀起金色的稻浪，仿佛出现一片金色的海洋；高粱红了，好像奥运会上运动员手上擎着的一个个燃烧的火把；棉花白了，一朵朵白绒随风舞动，远看，好似一颗颗棉花糖散落在大地……

秋姑娘来到果园里，轻描淡抹，果园顿时发生了变化。瞧！橘子树上结满了像灯笼似的橘子，它们你挤我碰的，争着要人们去摘呢；葡萄熟了，一串串葡萄挂在藤条上，有黄绿的、紫的、红的，像一串串彩色的玛瑙，美丽极了……

秋姑娘来到花园，细心勾画：牵牛花吹响了彩色的小喇叭，仿佛告诉世界秋天已来临；鸡冠花从暮色中苏醒，向世界炫耀着它美丽的“头冠”；菊花也欣然怒放，向大地传递着温暖……

啊！秋天多美呀，我爱这绚丽多彩的秋色！

（56班范炳毅）

点评：小作者抓住秋天景物的特点，重点写了田野、果园、花园三处景物，文章结构完整，层次清晰，语句也很生动形象，尤其是比喻、拟人等修辞比比皆是，由此可见，小作者是一个观察仔细，想象很丰富的孩子呀！

指导老师：彭灿

握不破的鸡蛋

星期天上作文特长班时，彭老师拿着一个袋子笑眯眯地走进教室。顿时，教室里就充满了神秘的气氛，大家议论纷纷，百思不得其解，不知彭老师葫芦里卖的什么药。正当大家一脸的疑惑时，彭老师从袋子里掏出一个圆圆的小小的东西，我们仔细一看，原来是一个鸡蛋呀！紧接着老师说："今天让我们一起来玩一个有趣的游戏——握鸡蛋，看谁能把老师手里的鸡蛋给握破，谁就是班里的大力士！"话音刚落，教室里马上炸开了锅，同学们争先恐后地把手举得高高的，都很想试试自己的身手！我心想：哼！不就是个普通的鸡蛋嘛，要握破有什么难的！

游戏开始了！首先上场的是我们班里最爱

笑的李欣妍。只见她大步流星地走上讲台，拿起鸡蛋就大喝一声，使出了九牛二虎之力，小脸憋得通红，可鸡蛋仍毫发无损地躺在她的手心里，看着这样一个结果，李欣妍像一只打了霜的茄子，顿时蔫了。

接着第二个该上场了，他是我们班的“大力水手”——曾松彬。我心想：嘿嘿，这回鸡蛋可倒了八辈子霉了，不想破也得破了吧。随着老师的一声令下，曾松彬将全身的力气都用在了手上，天知道这鸡蛋就是不给面子，还是完好无损！我们都惊讶不已，想不到这一个小小的鸡蛋就毁了曾松彬的一世英名。

瞧着这么一个小小的鸡蛋，我们真的奈何不了它吗？我们很不甘心，要求再次试验。因此，最后一个上场的是江湖人称“天才少年”的范炳毅，他走上讲台，气场威震四方，好像在说：“好你个鸡蛋，今天就是你的死期！”他手握鸡蛋，使出吃奶的力气，可这全都是无用功，鸡蛋还是没能握破……

鸡蛋真的握不破吗？我心生怀疑：难道鸡蛋是假的？老师见我们丈二和尚摸不着头脑，终于揭开了谜底，原来是鸡蛋的“薄壳原理”在起作用呀！“薄壳原理”受力面积大，又可以均匀地承受外界的冲力，所以鸡蛋不会碎。顿时，我们恍然大悟。

一个小小的鸡蛋给我们那么大的启示，可见只要我们留心观察身边的事物，就会有意想不到的收获。

（56班邓梓言）

点评：这是一篇游戏作文，小作者通过细致的观察，将游戏过程中大家的动作、神态以及心理活动进行了详尽的描写，尤其是文章生动幽默的语言，读完，给人留下深刻的印象！

指导老师：彭灿

家乡的菜园

我的家乡在福建，那是一个一年四季都景色迷人的地方，尤其是家乡的菜园，更是充满了生机。

春天，菜园里的菠菜、韭菜穿上了绿衣裳，绿得没有一点杂色，一束束金色的太阳光照射下来，更是让菜园绿意盎然。

夏天，菜园里栽满了辣椒，有红的，有绿的，还有那半红半绿的，一个个辣椒在茂密的叶子下你挤我碰，好不热闹。

秋天，菜园里迎来了大丰收：南瓜挺着金黄的大肚子；一个个西红柿像一个个红灯笼，挂满了枝头；胡萝卜也给自己染上了橙红色……农民伯伯们也笑得涨红了脸。

冬天，我们福建可从来不下雪，温度仍然比较高，这时候，菜园里芋头和土豆成熟了，他们使劲撑开地面，迫不及待地告诉人们：我们已经可以成为餐桌上的美味了。那一片片又大又圆的芋头叶更给萧索的冬天增添了几分绿意。

虽然，现在我跟随着爸爸妈妈来到湖南，不能经常回福建了，但是家乡的景色一直在我脑海里，难忘家乡的菜园，难忘美丽的福建！

（58班许芷昕）

点评：小作者抓住了家乡菜园一年四季的特点进行描写，并且能运用恰当的修辞增加文章的色彩，使语句更生动。文章条理清晰，中心突出，尤其是结尾部分，意味深长。

（指导老师：罗晓佳）

哈尔滨之旅

今年寒假，妈妈就早早地安排了我去东方莫斯科——哈尔滨。听到这个消息，我欣喜若狂，希望那一天快快到来。

这一天终于来了，我和哥哥迫不及待地踏上了去哈尔滨的航班。因为飞机晚点了，所以我们凌晨才到达哈尔滨的机场，凌晨的哈尔滨更是让我们觉得寒气逼人。

第二天一大早，我们早早地起了床，兴高采烈地上了车。在车上我们一路欢声笑语，不知不觉就到了第一个景点滑雪圣地——亚布力。一下车，我们就急不可待地在雪地里疯狂地打起雪仗来，眼前时时射来“嗖”“嗖”的雪弹，耳边不时传来我们的欢声笑语：“哇，打中啦！”“哈哈，哥哥头上开花啦！”欢乐之后，我们个个都像个“雪人”了。大家你望着我，我望着你，都忍俊不禁。而且，这里还有许多好玩又刺激的娱乐项目：雪圈、马爬犁、雪地摩托……每个我们都去玩了好几次，根本都舍不得离开。

告别亚布力，我们又来到了白色的童话世界——雪乡。这里白雪皑皑，冰天雪地，晶莹剔透的雪花在空中漫天飞舞，给整个雪乡的房子、树木还有道路穿上了一件白色的外衣，这里的雪一层比一层厚，美丽极了！并且我注意到有很多卖东西的老板都会在自己家的门口堆个雪人，把一些商品插到雪人身上，它们形态各异，有的像一个准备战斗的武士，有的像一个调皮的男孩，有的像一个剃了头发的和尚，真是有趣极了！

欢乐的时光总是过得太快，旅程就要结束了，我们马上就要回家了，我们依依不舍地离开了哈尔滨，真希望妈妈下次还会带我来哈尔滨！

（59班王梓康）

点评：小作者在假期中经历了一次愉快而又难忘的冰雪之旅。稚嫩的笔下，我们也感受到了滑雪圣地——亚布力和雪乡的美丽，让人向往和憧憬，因为那富有表现力的成语：迫不及待、依依不舍、欢声笑语等；那准确的动词：传来、射来、踏等；那如闻其声的拟声词：嗖嗖。再者，文章结构清晰，过渡自然，首尾呼应，值得一读。

指导老师：李超利

外婆家的竹林

外婆家的竹林是一个山清水秀的地方，它的一年四季都很美丽！不信，我带你去瞧瞧。

春天，万物复苏，竹林更是生机勃勃。刚下过一阵蒙蒙细雨，竹叶在微风吹拂下荡秋千。地上长着一些不知名的野花，竹笋探出头来，想看看外面的世界哩！大一些的竹笋把竹衣一件件地脱下来，每次我去外婆家，就一定会去竹林拔竹笋。每当太阳落山，我都会满载而归，阳光照到外面拔的小竹笋上，把竹笋照得金灿灿的，就像金子做的金竹笋！

每当夏天来到，一束束金光筛下来，地上的水洼被光照得五颜六色。我忽然觉得自己就是一根竹子，穿着深绿色的衣裳，站在阳光里，一阵微风吹过，我就翩翩起舞，风过了，我也停止了跳舞。小鸟飞过来，告诉我飞翔的快乐；小猫跑过来，告诉我昨天做的好梦。过了一会，我才记起，我不是竹子，我是在看竹子呢。

秋天的到来使我非常高兴。竹子上的竹叶长得可茂盛了，从远处看，如果不知道这是片竹林的话，都还觉得这是一片树林哩。小鸟飞过来，“唧唧”地叫着，好像在唱赞美秋天的歌曲呢。到了晚上，小鸟都已经飞回家了，竹林里鸦雀无声，安静极了。

外婆家的竹林是一个可爱、茂盛的地方。春天，它给了我们又香又脆的竹笋。夏天，天上顶着一个如火球一般的太阳，它可以为我们遮阳。秋天，它让外婆家显得更加美丽。我爱外婆家这片美丽的竹林。

（59班袁家旺）

点评：欣喜小作者的文字功底：首尾呼应，用十分简洁的文字表达了对外婆家那片竹林的喜爱。紧接着用灵活多变的表现手法写出了竹林的美丽：描写春天时，用拟人的修辞写出了竹笋的可爱；描写夏天运用丰富的联想和侧面描写，写出了竹林的美；秋天的竹林有小鸟的鸣叫又增添了几分生机。

指导老师：李超利

两天湖

我家附近有个湖，叫两天湖。它之所以叫两天湖，是因为湖中央有一条路将湖分成了两半。

春天，岸边的小草从地下探出头来，桃树、柳树的花都开了，一阵微风吹来，柳树的叶子从枝头落到湖面，给两天湖戴上了一个美丽的花环。

夏天，人们有的在湖里戏水，有的在岸边钓鱼，有的在学习游泳呢！湖边树木长得枝繁叶茂，密密层层的枝叶给人们做了一把大大的遮阳伞，大家都在伞下乘凉，别提有多凉快，多舒畅了。此时，一条条小鱼在水里游来游去，不时从水里跃出来，多像一个调皮的小孩子呀。

秋天，树叶黄了，一阵秋风吹来，枯黄的叶子离开大树妈妈的怀抱，纷纷从枝头飘落下来：有的落到了湖边的水面上，像是为湖面戴上了黄色的帽子；有的落到了湖边的小路上，仿佛给小路铺上了金黄的地毯；还有的飘到了湖中央，小蚂蚁正把他当做一艘小船呢。

冬天，湖面上结了一层薄薄的冰，小朋友们喜欢拿着碎瓦片在湖面上打水漂，比比谁打得更远，虽然寒冷，也阻挡不了两天湖给孩子们带来的欢乐。

这就是美丽的两天湖，这就是家乡的两天湖。

（58班周子皓）

点评：文章中运用了大量的比喻、排比等修辞，使语句更加生动、形象，做到层次分明，中心突出，并且小作者能够灵活运用书本中学习的句式进行写作，活学活用。

指导老师：罗晓佳

可爱机灵的小妹

每个人身边都有自己熟悉的人，我最熟悉的人可要数每天陪我打打闹闹、嘻嘻哈哈的小妹了。

我小妹既可爱又机灵。她有一头乌黑发亮的长发，两道细细的眉毛下藏着一双水汪汪的大眼睛，一个小小的鼻子下面有一张微微翘起的小嘴，特别能说会道，最有趣的是她的鼻子和小嘴可是对好伙伴儿，每当她用鼻子闻到香味的时候，就会立马跑过去用她那迷人的小脸蛋和花言巧语来诱骗别人。

有一次，我一个人躲在角落里津津有味地吃着薯片，小妹很快便闻香赶来，跳到我面前机灵地说："哥哥，能不能让我看一下你的薯片，我好像从没见过这个牌子有这种图案的。"看着她那张可爱的小脸蛋，听着她甜甜的声音，我就毫不犹豫地答应了，可是，没料到小妹把薯片从我手里一把夺了过去，然后飞快地跑开了，她抓了一把吃了起来，边吃边说："不吃不知道，哥哥的薯片味道就是不一样，还是哥哥对我最好！"

瞧！这就是我可爱又机灵的小妹，是不是很讨人喜爱呢？

（60班曾炜杰）

点评：小作者抓住妹妹的外貌特点，突出了妹妹的可爱；所举事例真实有趣，突出了妹妹的调皮和机灵。文章语言清新活泼，字里行间充满童真童趣，更透露出对妹妹的喜爱之情。

指导老师：周婷

我的老师

自从我上学起就是老师教会我知识，其中我最喜欢的老师是周老师。

周老师有一头金黄的卷发，圆圆的脸蛋，额头下面有两道又黑又细的眉毛，眉毛下面有一双千里眼，还有一张能说会道的嘴巴，最与众不同的是她有两个深深的酒窝，笑起来特别甜。

周老师特别和蔼可亲。记得有次大课间，周老师组织我们跳长绳。我看见长长的绳子从空中一直往下甩，看着就令人发颤，如果打到我一定会很疼的。我心里想着要落荒而逃，周老师看到我身体在躲来躲去就猜到了我的心思，她走过来拍拍我的肩，鼓励我说：“勇敢点，别怕！”有了周老师的鼓励，我有了点信心，鼓起勇气向前一冲，使劲向上一跳，“耶，我跳过来了！”我激动得大声喊了出来。这时，我看到老师也冲我笑了笑。

上课时，周老师就像变了个样子，有的同学开小差，第一次老师会口头提醒他，第二次老师会走过去敲他的桌子提醒他，如果有第三次就会很严肃地批评他。

周老师陪我一起玩耍一起学习，她认真地带着我们在知识的海洋里遨游，我多么的喜欢她啊！

（60班何天宁）

点评： 细心的你平时能认真观察老师的外貌、行为，老师的每一个举动都能让你感受到老师对你的关爱，同时也透露出你对老师的爱，相信你在老师的带领下，一定会越来越优秀。

指导老师：周婷

喂 鸡

头顶小红帽，脚穿“个”字鞋，身披黑衣裳，再加上俊俏轻快的翅膀，就凑成了一只只可爱的小鸡。

阳光下，微风中，它们在鸡舍外悠闲地走来走去，正等着美味的食物呢。我叫上佳佳一起去喂鸡，刚走到鸡舍门口，它们就争先恐后地飞奔过来。有的歪着脑袋，左瞧瞧，右看看，似乎想知道我们到底带了多少美食；有的直接冲上来，跳起来就抢我们手里的白菜叶，似乎已经很饿了。一只大公鸡连飞带跑，扇动着翅膀，跑在最前面。另一只公鸡不甘落后，拔腿就追，由于速度实在太快，一头撞在前面那只鸡的尾巴上。我和佳佳把菜叶放在它们跟前，只见一大群鸡“呼”的一声就围过来，跳起来啄我们手里的菜叶，像一个个运动健儿。

它们这里啄一下，那里啄一下，一下子就吃得一干二净了。一只老母鸡吃得饱饱的，正咯咯地叫着，仿佛在说：“谢谢你，小姑娘，这菜叶真美味！”那只速度最快的大公鸡，吃饱后昂首挺胸地走出鸡群，好像在宣布自己是胜利者。还有的小鸡仔，吃饱了，正舒舒服服地睡大觉呢！

（57班姚雅楠）

点评：小作者观察细致入微，详细地描写了喂鸡的过程。一只只鸡在作者笔下既可爱又调皮。为了争夺食物，小鸡们可谓是费尽心思，展现出滑稽可爱的一面。文章语言生动有趣，流露出作者对小动物的喜爱。

指导老师：肖彬彬

捉鸭子

终于盼到了冬日的暖阳，我们这些小伙伴们高兴到不行。看到我们如此兴奋，爸爸妈妈们决定带我们去农庄玩耍。

来到期待已久的农庄，我们尖叫着，奔跑着，享受着这一片好风光。爸爸们拿出钓竿准备钓鱼，我们围在一旁静静地等着收获的那一刻。这时，一只小鸭子闯进了我们的领地，它正悠闲地游着，丝毫没有注意到我们这些围观者。于是我想，这小鸭子可真傲气，我得“教训教训”它。说干就干，我们一大伙人展开了捉鸭行动。我们站在那吆喝着，呼喊着，小鸭子被我们赶上岸来。我悄悄地走在鸭子后面，正当我准备扑向小鸭子时，这只聪明的鸭子却飞速地穿过我的脚下。看来一个人的力量是远远不够的，我叫上小伙伴们展开了围攻的模式。我们把鸭子围得严严实实的，正得意时，鸭子却不慌不忙地“嘎”一声，朝我猛扑过来，我被吓得一个踉跄摔倒在地。心想：这只小鸭子可真不简单呀！小伙伴们一个个不想放弃，决定跟鸭子决战到底，可我们屡战屡败，最后一个个都累趴在山坡上，眼看着小鸭子骄傲地走过……

我们虽然没有捉到鸭子，又累又热，但是我们都非常开心、快乐。

（57班许耀文）

点评：爱玩是孩子的天性。捉鸭子这么有趣的事情，小作者描写得淋漓尽致。让读者感受到捉鸭子的趣味和艰辛。虽然没有捉到鸭子，但字里行间已流露出捉鸭子的快乐。

指导老师：肖彬彬

蚂蚁搬食记

今天早饭后，我捉了一只苍蝇，故意把它放在一个蚂蚁洞口，想亲眼看看蚂蚁是怎样把苍蝇搬进洞的。

不一会儿，一只蚂蚁从洞里爬出来。它的眼睛真尖，一下子就发现了那只苍蝇，它高兴得一头扎进苍蝇的身体，蹬直了两腿，憋足了劲儿，想把苍蝇搬走，真有一股拼命三郎的样子啊！不过由于它的力气太小了，半天也没搬动，只好无可奈何地从苍蝇身旁绕回洞里去了。我以为它会就此放弃，正当我转身准备离开的时候，我看到一只大蚂蚁爬了出来。呵！后面还跟着黑压压的一支部队，像一根长线似的慢慢地蠕动着。只见那只大蚂蚁把苍蝇托举起来。其他的小蚂蚁把苍蝇团团围住，推的推，拉的拉，不一会，就把苍蝇搬进洞穴去了。

我心想：一只蚂蚁力量小，团结的力量真是大啊！

（60班蔡荣沣）

点评： 小作者用他独特的视角观察了蚂蚁搬食的过程，语言活泼自然，内容生动有趣，透露出童真，由此可看出小作者是一个天真可爱、善于观察的孩子。

指导老师：周婷

4年级

嫩蕊摇黄

氤氲着墨香的文字里，如诗的记忆，闪动着童年的身影；美丽的画面，再现了大自然的神奇；奇幻的梦想，展现着天生我才的壮志……一起从那些锐敏独到的视角，那些真实平凡的镜头中，感受涌动的天真稚气，灵秀可人。

六月乡下游

六月紧接着来了，这是大地最活跃的时候。

两山排闼送青来

太阳火辣辣的，清新的空气从车窗扑鼻而来，转了几个弯后，我们就进山了。车辆逐渐变少，山一个个绿肥红瘦，墨绿大片大片泛滥。一朵朵小花儿，就如同镶嵌其中的宝石。很快，我看到了外婆家的房子。

荷花流水鱼儿肥

到了外婆家，我就蹦蹦跳跳地跟着爸爸钓鱼去了。外婆家旁边有一个池塘，我们正好赶上了荷花盛开的时节。朵朵荷花亭亭玉立地站在水中，躲在荷叶的身后，看来她对世界还是有点胆怯。

我喜爱蜡梅的傲雪欺霜，更喜欢荷花的古典雅致！不止我一个，有许多古代诗人也喜爱这优雅的荷花，如李商隐《赠荷花》中的“惟有绿荷红菡萏，卷舒开合任天真”，把荷花写得多么惟妙惟肖啊！

“上鱼啦，上鱼啦！”循着声音，我把目光投向爸爸，他钓竿上一条大鱼在那里扑腾着。爷爷马上跑来帮忙，拿着大网就向水中的鱼儿网去。“这是条鲤鱼呀！”爷爷幽默地说着，“这肉可鲜呐！”我们都大笑起来。

闲走小径观田梯

吃完晚饭，总是要出门散步的。夕阳西下，天空早早地出现了闪闪的繁星。一路走在田间小路上，迎着稻花的芳香，听着青蛙的演奏，一切是那么美好。我不禁在小径上欢跑。忽然，眼前的景色迷住了我，是满山的梯田，简直比图上的梯田还要壮观，田与田之间小小的台阶，一节一节向上，一节一节铺就了这广阔无垠的田野。这普通的田梯里，洒下了农民艰辛的汗水，也收获了丰收的喜悦。

乡下生活令人向往，比那高楼大厦的威严好多了，让人看着就赏心悦目，我可爱乡下生活啦！

（52班欧阳妤彦）

点评：小作者以独特的眼光欣赏着六月乡村的美景，用精练的小标题、灵动的语言，表达着对乡村生活的喜爱与向往之情，足见她的文学功底非凡。

指导老师：廖艾红

找春天

春天在哪里呀？春天在哪里？美丽温柔的春姑娘迈着轻盈的脚步来了。星期六的上午，阳光明媚，我和妈妈一起去寻找春天的足迹。

春天在哪里？我找呀找呀，春天就在花园里。一进花园，我就闻到一股淡淡的清香，原来是花儿都开了，它们好像在举行比美大赛，火红的玫瑰、雪白的梨花、粉红的桃花、黄色的迎春花……你不让我，我不让你，一个比一个开得更鲜艳；草地上，小草也探出了头来，只见它们伸着懒腰，晃动着脑袋，争先恐后地从地里钻出来呼吸春天的气息；柳树也发芽了，微风一吹，就像小姑娘的辫子在风中舞动；散步的人们也正沐浴着和煦的阳光，尽情享受着春天的温暖。

春天在哪里？我找呀找呀，春天就在小溪边。小溪的冰雪已经融化了，溪水清澈见底，溪流时而宽，时而窄，时而缓，时而急，溪水也时时变换调子，像是在吟唱一首春天的赞歌。不远处，还有几只可爱的小鸭子在水中嬉戏，难怪人们都说“春江水暖鸭先知”呀！

春天在哪里？我找呀找呀，春天就在广场上。天空中，大雁从南方飞回来了。它们一会儿排成笔直的“一”字形，一会儿变成大大的“人”字形，叽叽喳喳地叫着，好像在说：“春天来了！春天来了！”最可爱的要数孩子们了，他们都在放风筝，有“蝴蝶”，有“老鹰”，有“公主”……玩得可开心了！

啊！我找到春天了！原来它一直就在我们身边。我在春天播下希望的种子，相信秋天一定会收获到丰硕的果实。

（51班刘轶夫）

点评：本文语言清丽，笔调欢快，意境优美。小作者以手中笔、胸中情，绘出了春天的美景。文章是按方位顺序来展示春天到来，不同地方不同的春景。从花园，到小溪边，到广场上，无处不见春色，赞美了春天欣欣向荣的景象。

指导老师：王娜

春天来了

春天来了，春姑娘迈着轻快的步伐向我们走来。

春姑娘鼓起她的腮帮，使劲一吹，吹融了厚厚的冰雪，吹动了清澈的湖面，唤醒了贪睡的小动物们……一片生机勃勃的景象。

你看！小燕子成群结队地飞来，好像在告诉我们："我回来了！"它们一会儿停在电线上，好像一个个音符飘在空中；它们一会儿又衔来泥土，开始筑造自己的新巢；它们一会儿在树上休憩，为大家演奏一首首美妙的歌曲。你瞧，它们为早春增添了多少活力呀！此时，水里的鱼儿也不再昏昏欲睡。它时而轻摆胸鳍原地转圈；时而吐出一串串小泡泡，悠闲地欣赏着自己的杰作；时而轻轻地摆动着鱼尾，慢悠悠地向前游去，它的身姿美妙极了。

春姑娘还带着春雨唤醒了花草树木，世间瞬时万物复苏。河边柳树枝条的颜色由浅变深，质地也由软变硬了，经过春雨的滋润，柳条在一夜之间吐出了不少的嫩绿小芽。小草悄悄地探出了头，贪婪地享受着雨后的小太阳，感受着阳光的温暖。那洁白的玉兰像是一个个美丽的花仙子，傲立枝头，显得如此纯洁无瑕。

春天，一切都那么充满生机；春天，一切又那么迷人。我爱你，春天！

（53班王熙）

点评：小作者将景物拟人化，让动物、植物来告诉我们春天的到来，让它们来展现春天的生机勃勃。文中也用到了排比的修辞手法，让语言更加丰富、优美。最后小作者直接抒发对春天的喜爱之情。

指导老师：张晴

我爱秋天的校园

秋姑娘悄悄来到了我们的校园，让我们的校园变得更可爱了。

操场周围的树上，叶子有黄的、有红的，色彩斑斓，美丽极了！教学大楼走廊边的菊花开出了黄灿灿的花朵，阵阵芬香沁人心脾。秋风虽然带来了凉意，但阻止不了同学们在操场上打球、跑步，他们一个个生龙活虎，欢笑声和教室里琅琅的读书声，在秋高气爽的蓝天中飘荡……

我最爱看教学楼前的鱼池。池中有许多金色的小鱼在水中嬉戏，它们显得快活极了：有的鱼儿在吐泡泡，好像在比谁吐的泡泡最多；有的鱼儿在三五成群的追来追去，好像在比谁游得更快；还有一些鱼儿躲在假山底下，好像与那些在假山旁游来游去的鱼儿捉迷藏。假山上有一些小人儿：有的似在游山观景，好像在欣赏秋山红叶；有的似在向主峰攀登，大概想登高远望。假山上有小亭子，在秋光山色中若隐若现。秋风把假山上植物的叶子吹落下来，像一只只美丽的蝴蝶在空中翩翩起舞，叶片慢慢落到水面上，就像一只只金色的小船。

我还喜欢到球场边的葡萄架下漫步，葡萄架上一串串又圆又紫的葡萄好像在对我点头微笑，那些躲在叶蔓后的葡萄好像有些害羞，在悄悄地观察架下的同学们，沉甸甸的葡萄压弯了藤蔓，好像在向我们招手……

我走在秋天的校园，感到到处都秋意盎然，简直走进了一幅迷人的画卷，真是“散步校园间，如在画中游”。

（52班陈彦妤）

点评：小作者抓住秋天特有的景色：树叶飘落，果子成熟，同学们的欢声笑语，鱼池里快活的鱼儿，采用动静结合和联想，将秋天的校园描写得如诗如画，结尾一句“散步校园间，如在画中游”，画龙点睛地概括了全文。

指导老师：廖艾红

乡村记忆

夕阳西下，太阳公公正恋恋不舍地离开这缤纷多彩的世界。天边射出了更加绚丽的色彩，天空中的色彩快速变幻。时而红，时而淡蓝中夹杂着紫色，时而又在红色中有着蓝金两色，村庄顿时沉浸在这美丽的晚霞中。

村边苇塘的芦花被风吹起来，在村子里飘飘悠悠地飞着。天上飘着的浮云，像一块块红绸子，倒映在苇塘里。那玫瑰色的云块在蔚蓝的天空中，徐徐变换着形状——时而像人，时而像羊。密集的橙色光柱透过云层，直射青天。黄昏中，百年老松、千载古树，愈加显得伟岸，高大。满天红霞，好似天女撒下一件红衣裳。太阳已经完全下沉，可天空中的余晖仍未散去。直到月亮升起老高才渐渐变淡。

夜幕朦胧，启明星渐渐隐淡了。一弯用白玉雕出来的月亮，高高地悬挂在这夜幕之中。黛色的夜幕之中，漫天繁星，忽明忽暗，像一颗颗宝石，一粒粒珍珠。

这青山环抱、小桥流水、竹篱瓦舍的乡村，这充满温馨宁静的乡村，永远风景迷人。

（53班黄宇琪）

点评：小作者描写了村庄傍晚之后的景色，并且大量使用了比喻的修辞手法，将文章写得更加生动、形象。另外，文章体现出了小作者对村庄美好的回忆，表达了自己对小村庄深刻的情感。

指导老师：张晴

校园里的『5A级名胜』

我们的校园有许许多多的美景：壮观的教学楼，形态万千的假山，秀美的葡萄架……但我最喜欢的还是我们的欢乐天地——运动场。

运动场上，春夏秋冬正在赛跑，春哥哥年轻力壮，所以他率先来到了我们的运动场。春哥哥一来，便下了一场春雨，好像是在迎接它的到来。春雨过后，足球场旁边的小草迫不及待地探出脑袋来。同学们也欢呼雀跃地来到运动场踢起他们的小足球。周围的小树随风摇摆，就像热情的观众一样为他们呐喊着："加油！"

夏叔叔也争先恐后地来到了运动场。同学们换好夏季校服跑到篮球场上，大树爷爷点点头，好像自言自语道："这些孩子们长大了，打篮球这么厉害。"同学们打累了就在大树爷爷翠绿的叶子下避暑纳凉。

秋姑娘不急不慢地来得到操场。手一挥，运动场边的果树就结满了果子。有时候路过的同学还被果子砸了个正着，引来同学们的一阵欢呼："又有一个牛顿诞生了！"

冬爷爷拄着拐杖一瘸一拐地来到运动场，运动场就变成了粉妆玉砌的世界。树上挂着的白雪，就像冬爷爷的胡子。地上铺上了一层白白的地毯，同学们在"地毯"上打雪仗、堆雪人，运动场瞬间成为了欢乐的海洋。

我爱我美丽的校园，我更爱带给我无穷快乐的运动场！

（54班李浩）

点评： 小作者用敏锐的眼光抓住校园运动场一年四季特有的景色进行描写，字里行间洋溢着浓浓的童趣、童真。

指导老师：鲁孟君

美丽的校园

我们的校园一年四季景色诱人：春天，百花齐放；夏天，绿树成荫；秋天，遍地黄金；冬天，白雪一片。

先说说春天吧！春天，校园的四周种满了花木，鲜花争先恐后地竞相开放，这一丛，那一簇，很不少。尤其是茶花，有的同一株树上有好几种颜色，远远看上去，它显得格外娇艳。我最喜欢的是那几株粉色的山茶花，它们的形态各种各样。有的含羞待放，小巧的花苞鲜嫩可爱；有的刚刚绽放，许多花都和它争奇斗艳哩；有的已经完全盛开了，它像婴儿甜美的笑脸，向我们展示着它优美的身姿。山茶花的花瓣层层叠叠，柔软而有弹性，使人觉得另有一番情趣。在茶树旁边，有一个圆形的鱼池，这时，一条小金鱼从水里露出水面，好像在说：“春天来了，春天来了！”

夏天，操场旁的树可茂盛了，阳光从密密层层的枝叶间照射过来，在地面上留下铜钱般大小的光斑。上课时，同学们最喜欢听窗外小鸟的叫声，叽叽喳喳，格外好听。下课了，同学们喜欢去树下乘凉、嬉戏。

秋天，枫树的叶子像一把小扇子，扇啊扇啊，扇走了夏天的炎热。秋风袭来，“小扇子”飘到地上，同学们小心翼翼地将“小扇子”捡起来，轻轻地放在书里。

冬天，房顶上、树木上都是雪，整个校园似乎披上了一件银白色的新衣。同学们有的在堆雪人，有的在打雪仗，还有的在滚雪球呢。校园顿时变得热闹起来了！

你看，我们的校园多么美丽，多么热闹。我爱我们的校园，更爱校园的一年四季！

（53班戴安妮）

点评：小作者按照时间顺序描写了一年四季的校园，结构清晰。内容上，小作者从视觉、听觉多个角度为读者描绘了一幅幅美丽画面，并且运用了大量的比喻、拟人的修辞手法，让语言更加生动、优美，也让内容更加具体、详细。

指导老师：张晴

我们的欢乐天地——操场

我们的校园就像一个大花园，多么美丽，多么可爱！我们在这里茁壮成长，而我最喜欢的还是我们小朋友的欢乐天地——操场。

春姑娘迈着轻盈的脚步走向操场。破土而出的小草微笑着对春姑娘说："春姐姐，你好啊！"春姑娘把温暖的阳光洒向操场，那操场边的茶花摇晃着漂亮的脑袋，露出红艳艳的笑脸向小朋友们点头。小朋友在操场上尽情地玩耍，传出阵阵欢声笑语。春天的操场是生机勃勃的！

夏叔叔悄悄地来到操场。操场旁的树木变得更加苍翠、更加茂盛了！小朋友们都躲在大树下玩耍、乘凉。一阵风吹来，树叶发出"沙沙沙"的响声，似乎在窃窃私语。夏天的操场是炎热的！

秋姑娘欢快地跑到操场。她把手一挥，树叶纷纷飘落下来，像千百只漂亮的蝴蝶在空中飞舞，落在操场上，像给操场铺上了一层金黄的地毯，小朋友踩上去咯吱咯吱的响，和着小鸟清脆的歌声，仿佛在演奏一首秋天的交响曲。秋天的操场是美丽的！

冬爷爷踏着沉稳的步伐赶来了。天空中飘起了鹅毛大雪，小朋友们在操场上欢快地跑来跑去，在雪地上堆雪人，打雪仗，留下一串串快乐的脚印。冬天的操场是可爱的！

怎么样？你喜欢我们学校的操场吗？

（51班邱琦雯）

点评：你就像一个小画家一样，把校园操场的美丽景色一一给大家绘画出来了，四季不同，景色各异，简短的文字流露出你对校园的热爱之情，做到了情景交融！

指导老师：王娜

我们的校园

我们的校园虽然没有玲珑剔透的亭台楼阁，也没有九曲十八弯的潺潺流水，但是它依旧那么迷人，那么美丽！

来到校门口，高大的校门上写着几个苍劲有力的大字——云龙小学。每当我到达学校门口时，我都会冲进大门，冲上斜坡，迫不及待地想去看看那美丽的校园。

走进校园，映入眼帘的是雄伟的教学楼，它们仿佛披上了一件雪白的礼服，显得那么干净整洁。走进教学楼，你会看到走廊中间有一个小小的读书吧，上面摆着各种类型的书，每次书籍更新，我们都会争先恐后地跑出教室，一本又一本地翻阅、朗读。走进教室，墙壁被装饰得漂漂亮亮的，有的地方张贴着优美的作文，有的地方贴着同学们放假的生活照，有的地方粘上了可爱的花朵，给教室增添了更多的生机与趣味。除此之外，教室里的课桌椅永远是整整齐齐的，同学们端端正正地坐在课桌上，沉浸在琅琅的读书声中，那声音不断在教学楼里回荡。下课了，走廊上，许多同学在快乐地玩耍，有的在聊天，有的在捉迷藏，还有的在玩拍手游戏呢！

这时，站在走廊上俯视整个校园，你会看到花坛中的花儿们正仰起头，吸吮着甘甜的雨露。红艳艳的玫瑰、黄灿灿的迎春花、白莹莹的玉兰花，一个个喝得饱饱的，正笑呵呵地点着头呢。花瓣上凝成的雨珠晶莹剔透，像一颗颗纯净的水晶石，连叶子都绿得发亮了。早晨，静静的花坛在薄薄的雨雾中就像一幅清雅的百花图。

欲把校园比西子，淡妆浓抹总相宜。无论是阳光灿烂还是细雨蒙蒙，我们的校园都如此地美丽，我爱这美丽的校园！

（53班李泽宇）

点评：小作者以第一人称的角度具体描写了自己在教学楼里所看到的每一处事物，细腻的笔锋让读者也跟着小作者的步伐感受到了校园的书香味与美丽。最后利用诗句的改写，将校园的美丽描写得淋漓尽致，让读者也迫不及待地想去校园里面看看。

指导老师：张晴

美丽的花坛

我们学校有一个美丽的大花坛，她四季如画。

春姑娘迈着轻快的步伐走来，给花坛增添了无限的生机。花坛里开满了美丽的鲜花，瞧，桃树伸展出无数条枝丫，粉红色的桃花一朵紧挨着一朵，挤满枝头，它们像一群顽童，争先恐后地让人们来观赏自己的艳姿。美丽的鲜花加上一些或浓或淡的新绿，眼前一片明艳，美丽极了！

夏哥哥飞快地跑来，花坛顿时又换了一番景象，他给花坛披上了一件翠绿的外衣，空气中飘着一丝丝的清香，一棵棵樟树屹立在花坛四周，像一把把巨大的绿伞，天气炎热的时候，同学们就会到樟树下面乘凉，一阵风吹过，浑身清凉舒爽。

秋姑姑跳着芭蕾转着圈地来到花坛，秋姑姑吹下了樟树的叶子，吹得花坛里的鲜花向我们频频点头。我们站在花坛旁边捡起吹落的树叶和花朵做标本。

冬爷爷也拄着拐杖慢吞吞地来到花坛。各种各样的花都凋谢了，只有柏树昂首挺胸，像一个士兵，守护着美丽的大花坛。

看，我们校园中的大花坛多美丽！我相信在辛勤园丁的栽培下，我们校园中的花坛会一年比一年更美丽！

（51班周雅琪）

点评：本文文笔优美，抒情浓郁。作者以抒情的笔调，浓墨重彩地描绘了校园花坛的春夏秋冬四季景色，简短的文字流露出对校园的热爱之情，做到了情景交融，很棒！

指导老师：王娜

四季秀

一年四季，季季都有拿手好戏。嘘，别吵，你看，他们马上就要登台演出了。

春

“一年之计在于春。”春这位美丽的姑娘来了，她笑嘻嘻地走过来，轻轻地呼喊一声，燕子们便飞了回来；她吹了一口暖气，人们就脱下厚棉袄；她挥一挥娇媚的手，大地便盖上了一条绿毯子。左看右看，春天好像还差点儿什么？是啊！五彩缤纷的春天怎么能少得了花呢！只见春姑娘取下她脖子上的大花环，随手一挥，五颜六色的花朵随风飞舞，花儿落到哪里，哪里便又增添了一份生机。春露出了绝招后，便悄悄地退场了。

夏

夏像一个生机勃勃的少年，迈着矫健的步伐走过来了。夏天是一个热闹的季节，知了与蝈蝈整天没完没了地叫着，虽然很吵闹，但更能衬托出夏的宁静。在那清澈的池塘里，鱼儿正自由自在地游来游去，不时探出头来，在水面吹个泡泡，水面上便会出现一朵朵水花。深夏时，一朵朵荷花绽放于水面，使池塘变得更美丽。不信，你看那接天莲叶，映日荷花。而此刻，青蛙卫士们也在忙着准备演唱会，还带着荷花与叶儿彩排呢！

秋

天渐渐凉爽起来，当一位身穿金色衣服的姑娘走到台前时，人们便闻到菊花的芳香。秋像圣诞老人一样，摸摸口袋，神奇般地捧出一大堆丰硕的果实，撒向枝头，农民伯伯们露出了幸福的微笑。秋送完了礼物，便默默地走了。

冬

冬像一个又胖又大的雪绒娃娃。他一来，天就霎时变冷了，他的小手一挥，天就下起了六角形的雪花。不一会儿，雪停了，整个舞台就披上了银装，宛如美丽的水晶世界。这可乐坏了孩子们，他们纷纷跑上舞台，打雪仗、堆雪人、滑冰……可高兴了。冬看到孩子们如此高兴，就像一个雪球滚下了台。

四季，这些神奇的演员表演结束了，你感受到他们的美了吗？

（53班黄佳怡）

点评：小作者将四季拟人化，通过一个舞台表演为读者展现了一幅幅美丽的画面。并且抓住了一年四季景物的特点，语言生动有趣，让文章读起来别有一番风味！

指导老师：张晴

我们家的新成员

蓦然回首，过去的事儿星星点点，犹如电影般在我的脑海中回放。有开心，有难过，有难忘，更多的是美好的回忆。

国庆节，百般宠爱我的奶奶买了一条我梦寐以求的小狗，它一身顺滑的毛，不大不小的头上嵌着一双水汪汪的大眼睛，显得灵气十足，小巧的鼻子，配上一张嘟嘟的小嘴巴，可爱极了！第一次抱着它，我就爱不释手。

它像个跟屁虫，我走到哪，它跟到哪。如果我在写作业，它就会像个乖巧的孩子，静静地趴在我身边，时不时转动着圆溜溜的黑眼珠，好像在乞求我快快带它出去玩耍；如果我带它出去玩，它就会立马“变脸”，变成一个活蹦乱跳的淘气孩子。呵呵，它就是这么一个两面派！

它虽然乖，但也有一个致命弱点，那就是特别不爱卫生。记得一次放学回家，我迫不及待地打开门，远远闻到满屋子的臭气，一看才知道，是它的杰作，害得奶奶花半天时间打扫。

它还特别有趣，会自己找狗粮，有时还喜欢和我抢食物。每周星期五放学，我都会买些好吃的，每当我吃零食时，捧在手上的零食常会不翼而飞，不用说，准是这个“淘气”的家伙抢了我的零食，哈哈!

果不其然，等我低头去找，小狗正舔着它的嘴巴回味无穷呢！

它还会陪我一起看电视。为什么这么说呢？因为，每当我看电视时，它也会津津有味地坐在旁边，眼睛一动不动地盯着电视机，看到精彩之处，它便会“汪汪”两下，摇着尾巴，似乎在鼓掌喝彩；如果出现了坏人在屏幕上，它会冲着电视“汪汪”大叫，妈妈望着它哭笑不得。

自从有了它的陪伴，我不再孤单，它是那么的无忧无虑，它给我们一家带来了无尽的快乐，于是，我们给了它一个雅号——可爱。

（52班彭嘉莹）

点评：初看题目中的“新成员”，便能感觉到小作者的欣喜之情。因为喜爱，便有了细心的观察。随着作者的笔尖，活泼、生动的语言，记叙着一件件具体的事例，让我们看到了一只不仅外形惹人喜爱，而且乖巧、有灵气，但也不乏调皮的小狗。

指导老师：廖艾红

巴西龟的天堂

在美丽的云小校园里，有两座假山。其中一座在篮球场的外围，虽然它在春、秋、冬这三个季节里，不怎么引人注目，但它到夏天却是生机盎然，就像校园里的明星，很多人来围观，显得一点都不孤独。

这是为什么呢？这种气势有百分之九十是来自正在晒日光浴的萌萌哒的巴西龟，再加上形状奇特、被绿树红花围绕着的假山，十分夺人眼球，成了同学们课余的好去处。

中午，太阳高照，温暖的阳光射进了校园每一处地方，在平静的水面上，突然悄无声息地探出了一个个小脑袋，小眼睛直转，仿佛在侦查有没有天敌在附近。“咕咚，咕咚……”一会儿，水面马上就热闹起来了！只见一只背着坚硬外壳的巴西龟小心翼翼地爬上水池旁边的一个平台，伸伸脖子伸伸腿，安稳地晒起日光浴来，真会享受啊！又有几只陆续爬上，小小的歇台上一下子就爬上了好几只巴西龟，挤成一团，可热闹啦！淘气的小巴西龟干脆爬上了大巴西龟的背，就像龟爸爸带着龟崽崽，可爱极了。有一只巴西龟想挑战面前的假山，它努力又艰难地往陡峭的假山上爬，一步又一步，脚步非常坚定，突然“砰”的一声，水面上溅起了一朵像怒放的莲花一般的水花，巴西龟摔了个四脚朝天，好玩极了！有些巴西龟则悠闲地在水池里游啊游，像一条在安静游泳的美人鱼。顽皮的同学使劲一跺脚，巴西龟受到惊吓，“咚”的一声，划向了水池深处，不见了踪影，溜得可真快！

野外的龟类才没有这样无忧无虑的生活呢！不是水源污染，生态环境破坏，就是天敌的捕杀，每天它们都东躲西藏，甚至还要忍饥挨饿。可在这里，它们的生活是多么的舒服，时常还有好心的同学给它们投喂食物，这里可真是巴西龟的“天堂”啊！

（54班李布凡）

点评：小作者眼光独到，观察细致，巴西龟的形象跃然纸上，写得活灵活现。字里行间也透露着对小乌龟深深的喜爱之情！

指导老师：鲁孟君

张家界导游词

大家好，我叫王涵琦，你们可以叫我王导游。欢迎乘坐张家界旅游车，接下来我将会带大家领略到张家界那仙境般迷人的景色。

各位旅客，我们要下车了，请带好必备用品和重要物品。

张家界这里地貌奇特，有着泰山之雄、华山之险、黄山之变化、桂林之秀丽的景色。虽然现在只见到群山连绵不断，平淡无奇。但只要转过一个山头，眼前的景色将会突变，就像顷刻间拉开了巨大的帷幕，将给我们托出一个神奇的世界。

看!那重重叠叠的山峰拔地而起，高耸入云。它们是那么多，一座挨着一座，一座有一座的特点，一座有一座的姿态。有的像摩天大楼，有的像中世纪城堡，有的像身背草篓的采药老人，有的像手捧鲜花的妙龄少女，有的双峰插云像两根尖尖的竹笋，有的一柱独峙像一支长长的利剑……它们纷纷排列在你们的面前，向你微笑，向你絮絮低语。每一座山峰都像一幅美妙的画，一首优美的诗。

接下来我们要去看的是金鞭岩。金鞭高出峰林之上，与其他山峰迥然不同，从山脚到山顶，像斧砍刀劈似的，只在它的顶上生长着几株苍翠的松树。夕阳映照下的金鞭岩，金光闪耀，有如一支怒举的金鞭直指云霄。一座巨大的山峰紧靠着金鞭岩，巨峰酷似雄鹰，鹰首高昂，凌空展翅，一只翅膀有力地半抱着金鞭岩，气势磅礴，这就是有名的“神鹰护金鞭”。

大家知道吗?群峰中最高的要算黄狮寨了。寨顶有片平地，四周天然形成十多处观景台。站在观景台上放眼望去，张家界的美景尽收眼底。我们来到这一处地方叫“点将台”，朝下望是万丈深渊，台的对面齐刷刷地屹立着大小八九座山峰，像一个个虎背熊腰的威武将军，在等待着出征的号令。

各位旅客，最后，我们要去的是金鞭溪。金鞭是天然形成的一条美丽的溪流，因金鞭岩而得名。溪水弯弯曲曲自西向东流去。走近金鞭溪，满目青翠，连衣服都会映成淡淡的绿色。流水潺潺，伴着声声鸟语，走着走着，你会觉得神清气爽，让人驻足。

各位旅客，时间过得真快。到了说再见的时候了，我希望下次还能当你们的导游，再带你们了解更多的自然景观或历史文化古迹，祝大家归途愉快!

（52班王涵琦）

点评：小作者用清新的语言介绍这“人间仙境”，节奏舒缓，张家界的美丽、神奇在小作者笔下缓缓流出，大胆丰富的想象，勾勒出一幅幅迷人的画面，引人入胜。移步换景的写法让这篇导游词的思路特别的清晰。随着一个个景点的介绍，给人一种身临其境的感觉，活脱脱一个优秀的小导游站在读者面前。

指导老师：廖艾红

爱管闲事的爷爷

“哎呀，哎呀，今天可出大事了……”

“我这就出去看看！”爷爷听了别人的谈话后就立马坐不住了，还没等我回过神来，爷爷便把我拉出了门。

到了菜市场门口时，爷爷就对我说：“你在门口等我，里边围观的人太多了。”话音刚落，爷爷便钻进了菜市场，消失在人堆里了。过了一会，我就看见爷爷被一个叔叔背进了附近的医院。我跟着跑到医院一问，原来啊，爷爷的高血压又犯了！这只是一个小故事，爷爷管的闲事可多了，我再讲一个吧！

一个阳光明媚的早上，我和爷爷在广场散步。突然，一个正在滑冰的小男孩猛地摔了一跤，重重地摔在了台阶上。爷爷马上走过去，不料由于速度过快，在下楼梯的时候自己也摔了一跤。“孙女哎，快来扶爷爷一把！”我跑上前把爷爷扶到椅子上。

刚坐下，爷爷就说：“要不，我们去看看那孩子吧，说不定，我还能帮上什么忙呢！”

“哎呀，爷爷，人家男孩

子的妈妈在那呢，我看您就别瞎操心了。我们回家吧，奶奶说不定都做好饭菜在等我们了，再不回去，菜都凉了！”我不紧不慢地劝道。

现在，我的爷爷已经六十多岁了，黝黑的皮肤，头发有些稀疏，双鬓有些斑白，眼角的皱纹依稀可见，仿佛是岁月留下的些许痕迹。爷爷勤俭节约，平时总是穿着一套休闲装，一双棕色的皮鞋。但是，就是这样一个老人，他会经常帮助要加班的邻居看小孩，会经常拿起扫帚打扫小区无人监管的角落……因为，他天生就是这样的爱管闲事。

这就是我的爷爷，一个助人为乐，一个爱管闲事的爷爷。我爱这样的爷爷！

（52班陈语睿）

点评：小作者构思新颖，开篇先声夺人，似乎真出场的是一位“爱管闲事”的爷爷，然而，笔锋一转，在两件十分平常的小事中，通过爷爷的语言、动作刻画了一个“爱管闲事”的爷爷形象。结尾朴实，但很好地表达了对爷爷的敬佩之情。

指导老师：廖艾红

知足

优晗总是看比她拥有更多东西的人不顺眼，所以她每天都不快乐，她不知道这是因为嫉妒所害。

有一天，优晗看见同桌婧珍穿了一条漂亮的连衣裙，于是她对婧珍说道："珍，你这件裙子看起来好旧呀，在哪儿买的？"婧珍说："是在××商场买的。"优晗听后，嘟着嘴跑开了。边跑边想，我们家这么有钱，妈妈肯定会给我买的。一到家，她便抱着坐在沙发上的妈妈撒娇："妈咪，今天婧珍穿了一件好漂亮的连衣裙，比大姨给我买的那件更漂亮，我也要。"妈妈听后坚决反对。优晗生气极了，自言自语地说："我们家不缺钱嘛！"

第二天，优晗爸爸从美国出差回家，优晗马上跑去抱着爸爸说："爸比，我想要一条和婧珍一样的公主裙。"爸爸说道："上次大姨给你买的那条韩版花裙还不好嘛？那用人民币买可是一千元啊。"优晗不满地说道："反正我们家有的是钱，给大姨一些不就好了嘛。"爸爸用温和的语气说："我们家虽然有钱，但是也不能乱花啊。人呐，要知足，珍惜现在有的，那样每天才能开心。"优晗听了，羞愧地低下了头。

优晗和爸爸深谈了一番后，她懂得了什么是知足，也比以前快乐了。现在她不仅不乱花钱，而且还把爸妈给的零花钱捐给了贫困山区的孩子们。

（55班陈佳韵）

点评："知足者常乐"这是大家都知道的一句话，你的文字向大家展示了一个由不知足到知足，越来越快乐的女孩形象，相信大家读了你的文章对于知足会有更多的理解。

指导老师：王铱

看冰雕

寒假的时候，妈妈带我去哈尔滨看我向往已久的冰雕城。

一下飞机，迎接我们的就是北国的严寒，虽然妈妈已经给我穿上了厚厚的棉袄，还新买了露出眼睛的大棉帽以及厚手套和长棉鞋，我还是感到寒气逼人，冷风直往衣缝中钻，我好像站在了一个大冰箱中一样。

但冰雕大世界让我忘记了北国的寒冷，我们是晚上去看冰雕的，在各色彩灯的照耀下，壮观的冰雕城彻底征服了我。那些造型奇特、大气磅礴、精美绝伦的冰雕作品，使人仿佛在童话世界中漫游，冰块砌成的各种建筑在灯光照耀下如碧如玉、玲珑剔透、千姿百态，真是美不胜收！

看！那些高耸的城堡，气势多么雄伟！巨大的城门，发出翠绿的光芒。尖尖的屋顶，射出金色的光柱。我置身其中，仿佛进入了古老的皇宫，变成了美丽的公主，在城堡中尽情玩耍。看那冰砌的长城，宽阔的城墙闪耀着土黄色的亮光，一个个烽火堡耸立城头，多么庄严，多么雄伟。还有那高高的宝塔和冰砌的迷宫，红色的塔顶，蓝色的塔身，在夜空中闪闪发光。我进入迷宫，在里面左转右转，简直晕头转向，但居然顺顺当当找到了出口，据说有的人在里面迷了路，没有我这么幸运。

一路上有许多冰雕的动物，看那只孔雀，她的羽毛真美，有红的、黄的、蓝的、绿的、紫的，灯光下，孔雀好像要翩翩起舞，又好像要展翅高飞，真是栩栩如生！那边有一条红色的大鲤鱼，嘴里含着一颗闪闪发光的宝球，大眼睛一闪一闪，尾巴翻起浪花，真是活灵活现、惟妙惟肖，连鱼鳞都雕得十分精致。前面有一匹奔腾的骏马，它的前蹄跃向空中，后蹄立在地上，鬃毛在空中飘动，仿佛就要腾空而起……

冰雕城中还有许多游玩设施，有冰滑圈，坐在里面从高坡上飞驰而下，风在耳边呼啸，十分刺激，十分过瘾。还有一种冰地自行车，它的轮子前面有一块控制方向的铁板，要骑稳这种自行车可不容易哦！冰椅也很好玩，坐在上面用冰杖一点就可以滑出几米远，能在冰面上自由自在地转来转去，让你尽情享受滑行的快乐。

我喜爱冰雕城内的每一件作品，他们给游人带来无穷的乐趣和无尽的遐想，但我更佩服那些创造了这个冰雕世界的艺术家，他们用自己的聪明才智和灵巧双手，把一块块普通的冰砖变成了一件件精美的作品，创造了一个神奇、美妙的冰的世界，给无数的游客带来享受和快乐。

（52班胡纳睿）

点评：小作者带着向往游历了美丽、壮观的冰雕城。但带给读者的是一幅幅活生生的画面，一件件冰雕，在小作者的笔下，描写如此栩栩如生：孔雀在翩翩起舞，鲤鱼在翻起浪花，骏马腾空而起……让人产生无限的遐想，很想飞往冰雕城目睹一切。清新的文字，清晰的思路，感情自然流露，读来回味无穷。

指导老师：廖艾红

快乐十分钟

一段轻快的音乐响起，安静的校园一下子热闹起来，课间十分钟的快乐顿时洋溢在每个小朋友的脸上。

瞧，那边的课桌旁围着许多学生，只见其中一个同学从书包里拿出了五子棋，把棋盘摆好，兴高采烈地玩起来。他们时而抓耳挠腮，时而面带微笑，时而愁眉苦脸，时而喜笑颜开，时而冥思苦想，时而手舞足蹈……虽然只有两个人在对弈，但旁边的“观战者”却七嘴八舌地发表着自己的意见，有的还争得面红耳赤呢！

忽然，教室外传来一阵喝彩声。我走出教室一看，原来是一个小男孩在跳绳。只见他轻轻跃起，双手快速地晃动绳子，那灵巧的身姿多像一只轻快的小燕子呀！旁边的观众齐声帮他数着：“一、二、三……”还不时为他加油助威。

咦，哪儿来的歌声？我朝着声音传来的地方走去。原来是一个和我差不多的小女孩在跳皮筋呢！只见她一边唱着歌儿，一边在皮筋上蹦蹦跳跳，进进出出，好像在跳踢踏舞，快乐得就像一个舞蹈小精灵。我看了，也忍不住想上去跳一跳。

又一阵优美的音乐响起，同学们纷纷整理好自己心爱的玩具走进教室，热闹的校园又安静了下来。

（51班徐畅忆）

点评：小作者写学校课间十分钟活动，采用了几个特写镜头：下棋、跳绳和踢毽子，展示出课间休息时同学们活动的丰富多彩。虽说写的是短暂的瞬间，由于作者的善于观察，善于组织材料，内容还是显得相当充实，较好地写出了校园生活的欢乐气氛。

指导老师：王娜

快乐的雪花，快乐的我们

大雪在纷飞，一朵朵美丽的雪花如同一个个小小的精灵，它们将会带给我们怎样的快乐呢？

清晨，明媚的阳光照射在白茫茫的大地上。几位可爱的孩子正在打雪仗，她们是谁呢？原来是齐乐怡、马雅雯和我。

“打雪仗比赛现在开始。”随着马雅文一声令下，我赶紧趁她不注意，将雪球直击她的智慧之处——脑袋。正当我窃喜的时候，立马感到苗头不对，因为我发现马雅雯和齐乐怡开始联手对付我，因为她们一起制造出了更大的雪球。我马上停止窃笑，赶紧反攻，唉，还是为时已晚。一个个雪球向我抛来，我渐渐招架不住了，只好举手投降。“螳螂捕蝉，黄雀在后。”看来凡事都不要高兴得太早哦。不过转念一想，我正好停下来当一回观众，看她们两个内斗，何乐而不为呢？

一场好戏即将开始。我才发出“开始”的号令，齐乐怡就抓起一个雪球打到了马雅雯胖胖的身体上，不知什么原因，

马雅雯突然大声尖叫起来，我们吓呆了，回过神来马上跑过去抱着她，关心地问：“怎么啦？”“雪，雪，雪到我衣服里面去啦！”“哈哈哈哈……”听完她的回答我们一个个捧腹大笑。这场“战争”以马雅文不战而败告终。

我们抱在一起唱啊，跳啊，玩了很久，回家的时候齐乐怡关心地说：“胡彤姐姐，马雅雯姐姐，你们头发都白了，这是怎么回事呢？”哈哈，原来是调皮的“雪精灵”轻轻地落在了我们的头上。

美丽的雪花带给我们的快乐可真多啊！

（54班胡彤）

点评：小作者围绕“快乐”一词展开，描写了雪后三个小伙伴一起打雪仗的事，让作为读者的我们也忍俊不禁。文章中的心理描写和神态描写可谓是一大亮点，几个“哈哈”渐渐将文章推向高潮。小作者不仅能从生活中捕捉到快乐，而且能从一件事中领悟到道理，更重要的是能通过文笔将快乐传递给更多的人。

指导老师：鲁孟君

滑雪

寒假期间，一个阳光明媚的上午，妈妈带着我和表哥一起去长沙“三只熊”滑雪场滑雪。这是我第一次滑雪，我非常兴奋。

我们坐着车一路有说有笑地来到了滑雪场。刚进入大厅，我就感受到了一丝凉气，我真好奇里面的冰雪天地会是怎样的情景！

我穿上滑雪靴后，腿弯不了，感觉脚沉甸甸的。我手里拿着滑雪板，一瘸一拐地走进滑雪场地。进门后，映入眼帘的是一片白茫茫的雪地，雪地上的人们就像一团团黑影在移动。我站在上面，教练教我们套上滑雪板。我已经迫不及待了，没等教练教完滑雪要领便奋勇地冲了下去。刚开始滑得还算平稳，我暗想：滑雪太容易了！结果呢，刚想到一半就“扑通”一声，摔了个人仰马翻。我狼狈不堪地爬了起来。这时候教练走过来对我说：“让我来教你吧。”我在教练的指导下学会了怎样进、怎样停、怎样快、怎样慢之后，便再次往下滑去。因为上次的失败，我的勇气像是被魔鬼吸走了一样，我一直小心翼翼地滑着，免得再次出洋相。这次滑得很成功，我欣喜若狂。我用同样的方法独自练习了一段时间后，我感觉越来越轻松，越来越熟练了。欢乐的时光总是过得太快，要不是因为时间问题我真想继续玩下去。

通过这次滑雪，我学会了在跌倒中爬起，在风雨中前行。

（55班李宇）

点评：小作者将自己第一次滑雪的经过记录得非常详细，动作描写和心理描写比较丰富，“沉甸甸”“一瘸一拐”“迫不及待”“人仰马翻”“狼狈不堪”“勇气像是被魔鬼吸走了”“欣喜若狂”等词语用得非常贴切，读了你的文章，我也非常想去滑雪。

指导老师：王铱

妹妹，姐姐跟你说

妹妹，姐姐知道你现在可能听不太懂姐姐和你说的话，但是，姐姐还是希望你能够认真听听这些话。

妹妹，姐姐希望你可以勇敢一点。在家里，你特别喜欢闹，但在外面，别人抢走了你新买的玩具，你却不敢吭声，只能看着你的玩具离你而去。你知道吗？其实爸爸妈妈和姐姐的心里是非常难受的，也替你心疼。

妹妹，姐姐还希望你更加爱干净。在家里，你经常趴在地板上玩，在地上打滚，几乎成了家里的“小拖把”。在外面就更加不用说了，你和别人嬉戏玩耍时，经常跪在地上，搞得满身脏兮兮的。你知道吗？妈妈每次洗完你的衣服都会腰酸背痛呢！

妹妹呀，姐姐很喜欢你的可爱，喜欢你的调皮，但我希望你可以独立一点。有时候我们一起去外面玩，你总是不愿意自己走，要爸爸妈妈抱，爸爸妈妈也很累的，现在你虽然还小，但要养成自己的事自己做的习惯。

妹妹，你在姐姐的心目中是可爱的，是调皮的，但是你也有一些缺点，希望你改掉，努力成为一个好孩子，姐姐永远爱你哦！

（55班周敏煊）

点评：本文结构清晰，语言朴实，道出了你的心里话，从三个方面谈了你对妹妹的期望，字里行间可以看出你对妹妹的爱。

指导老师：王铱

我想当小厨王

大家看过电视《厨王争霸》吗？每次两位顶级的大厨带着各自的团队，烹饪出各种美食，获得评审分数最高的就成了厨王，我也想当小厨王。

知道吗？说到做好吃的，我们家里个个可都是大厨级别的，拿手菜一个比一个强。奶奶做的红烧肉油而不腻，吃起来还带着丝丝甜味呢！外婆做的青椒炒牛肉丝滑可口，又软又嫩；大伯做的口味筒子骨营养又多汁，还能补钙；伯母炸的可乐鸡翅香喷喷，连肯德基也稍显逊色；爸爸烤的叉烧肉油滋滋、黄澄澄的，也是一绝。可是，我最终选择了学习妈妈的绝味小龙虾作为我当小厨王的第一道菜。

首先是准备各种食材和香料，有生姜、大蒜、紫苏和辣椒……接着把洗好的小龙虾放进油锅里，顿时，一只只小龙虾就被炸得通红，像红脸的关公一样，好看极了。然后把切好的各种香料放入锅里来回翻炒大约五分钟，这时候最关键的一步就是加入我们家祖传的采用十二种原料秘制的香辣酱，味道就会非同一般了。最后，小龙虾出锅时别忘了还要在上面撒上新鲜的葱花，这样一道鲜香入味的绝味小龙虾就做成了。

我想当一名超级厨王，我尝试过、努力过、成功过，深深相信正走在梦想路上的我，只要坚持到底，一定会成为一个伟大的厨王，做更多、更好、更绝的美味跟大家分享！

（51班谷子谦）

点评：你的理想很实在，也很美好，开头直奔主题，交代了自己为什么有这个理想的原因，最后结合实际说明自己将怎样努力实现理想，相信有了梦想这双飞翔的翅膀，你的人生会很精彩。

指导老师：王娜

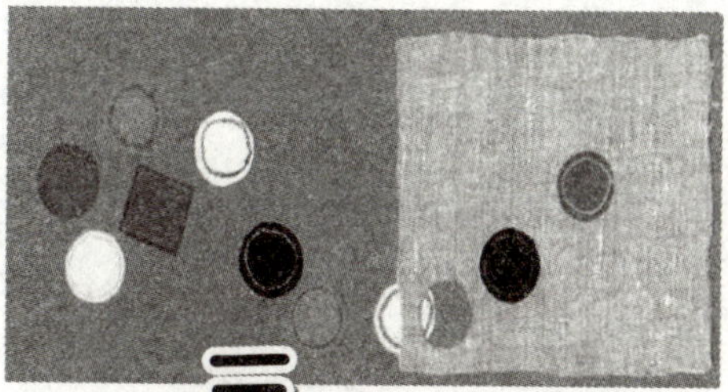

画方圆

提到“画方圆”这三个字，你们一定会觉得就是画一个正方形和一个圆形这么简单，那你们就大错特错了，游戏规则是这样的：左手画方右手画圆，同时进行。今天的作文课我们就玩了这个游戏。

“丁零零”上课铃声响了，王老师面带微笑，踏着轻快的步伐走进教室，接着宣布本次作文课玩“画方圆”的游戏，王老师讲完游戏规则之后，教室里瞬间像炸开了锅，我看到几个同学摩拳擦掌、跃跃欲试，我的同桌张彦晨就是其中之一，他不假思索地举起手来准备一展身手。王老师见他这么热情就叫了他，他上台时说了“好紧张”三个字，只见他两个手上抓着粉笔，准备同时画方和圆，可能是太难了，只见他用手去抓自己的头发，那模样真好笑！好不容易画完了，我仔细看了一下，方和圆被他画得惨不忍睹啊！正方形应该有四个直角，别说直角，就连一个钝角和锐角都没有，线条弯弯曲曲的；圆形也不圆，看上去像个没炸好的大饼，惹得同学们哄堂大笑。

之后，王老师让我们在本子上自己画，我迫不及待地抓起笔，准备左右开弓，心里想着：我一定能比张彦晨画得更好。可是，当我画的时候，我发现自己不能控制我的左手画方，右手画圆，要么就是同时画方，要么就是同时画圆，画出来的东西不会比张彦晨好。

这到底是为什么呢？我一直在思考，突然，我茅塞顿开：做一件事一定要一心一意，一心二用、三心二意是做不好事情的。想想之前的自己，边看电视边写作业真是不应该啊！

（55班罗晗）

点评：本文行文流畅，详略得当，重点写了一位同学上台画的过程，动作描写和神态描写比较到位，“摩拳擦掌”“跃跃欲试”“不假思索”“一展身手”“惨不忍睹”等词用得很恰当。文章采用开门见山的方式，最后写游戏中得到的启示，结构很清晰。

指导老师：王铱

唐僧重返人间

自从唐僧西天取经回来，玉皇大帝就给了唐僧一次下凡游玩的机会。这不，唐僧正在“梳妆打扮”呢，打扮完毕后，唐僧坐上孙悟空送他的筋斗云下凡去了。

唐僧驾驶技术不好，一路跌跌撞撞，好几次都差点儿从筋斗云上掉了下来。好不容易在半空中看到了一个可以着陆的地方，唐僧便赶紧降落。

原来这是“高科技飞行住宿器”，简称“飞行住宅”。唐僧轻轻地敲了敲门，门自动打开了，一个机器人从房内径直走了出来，说：“请问你是谁?”唐僧不紧不慢地回答道：“你好，我是唐僧。”于是机器人将唐僧领入屋内，只见一位彬彬有礼的先生站在客厅里，他见到唐僧，便上前握住唐僧的手，说：“您就是我曾曾曾曾曾祖父的师傅啊!”唐僧呆呆地望着这位先生，半天没有反应。

“我是孙小空啊，是您徒弟孙悟空的曾曾曾曾曾孙啊！”这位先生见唐僧没有反应，急忙解释道。

“啊，我知道了，瞧我这记性，天上一天等于凡间一年，我都回天庭好多年了，怪不得呢。”唐僧恍然大悟。

“是啊是啊，师祖，您大驾光临，我来带您参观参观寒舍吧。”说罢，孙小空便领着唐僧参观起了自己的“飞行住宅”。

“哇，这个崭新的、黑乎乎的东西是什么呀？咦？这个热乎乎的又是什么啊？啊呀，这红彤彤的是干吗的啊……”唐僧边参观，边像机关炮样地不断发问，孙小空则在旁边耐心地解释给唐僧听：“这个叫电视，是我们用来消遣时间看节目用的；那个叫保温墙，可以让室内冬暖夏凉；这个叫……”唐僧听得是目瞪口呆，这时又一个疑问产生了：“那不要用很多电吗？”孙小空笑呵呵地说：“我们都是用风能、热能、太阳能来发电的，这样既节能又环保。”

“为什么你们的房子能飞呢？你们也会仙术吗？”唐僧看着窗外飘着的云，疑惑地问道。

“师祖，我们当然不会仙术啦，这是利用磁悬浮技术做到的，不止是房子，连车子、人都能悬在半空中呢！”孙小空解释道。唐僧听了只得感叹，现在的科技发展太快了。

参观结束后，唐僧便乘着筋斗云回去了，他暗暗下定决心，一定要多来凡间学习高科技，并把这些技术带回天庭，让众神仙也能体会体会凡间的快乐与便捷。

（54班李顺）

点评：小作者奇思妙想，用神话故事来赞扬人类社会科学技术的飞速发展，引人入胜。文章的对话描写贴切生动，表达流畅，为文章增色不少！

指导老师：鲁孟君

小熊找礼物

一个秋日的早晨，小熊悄悄地出去为妈妈寻找生日礼物，最后却两手空空地回家了，可他的妈妈还是很开心，你们想知道为什么吗？

原来，那天早上，小熊正走在找礼物的路上，突然看见了几串诱人的葡萄，葡萄一串串的，像一颗颗美丽的珍珠。小熊的口水顿时“哗啦——哗啦——”地往下流，都快“飞流直下三千尺”了。忽然，一个念头从小熊的脑海里蹦出来：用葡萄做一条项链怎么样！心动不如行动，小熊马上动手做了起来，他把葡萄仔细地串在线上，可漂亮了！葡萄项链做好了，小熊小心翼翼地捧着它，一步一步往前走。走啊走，他在高高耸立、光滑笔直的大树上看见了蜡黄的蜂窝，小熊找来了一根长长的木头，把蜂窝敲了下来，当小熊把蜂窝捧在手心想看个究竟的时候，突然他听见了嗡嗡的声音，“哎呀，是蜜蜂！”小熊吓坏了，把蜂窝猛地一扔，使劲地飞奔起来，等跑到半路才发现，葡萄项链掉了，身上也被蜇得到处是肿起的包包。小熊伤心极了，只好空手回家了。到了家里，妈妈看见小熊满身的包，可心疼了：“宝贝，你这是怎么了？”小熊把事情的来龙去脉一五一十地告诉了妈妈，妈妈说：“我的宝贝啊，只要你听话，不要到处乱跑，让妈妈安心，让家人放心，就是给我们最好的生日礼物了！”小熊难过地低下了头，一旁的爸爸摸了摸小熊的头，又看了看他身上的包，笑了！

只要我们听话，只要我们孝顺，爸爸妈妈就会安心，就会放心。

（55班周佳懿）

点评：通过描写小熊为妈妈找礼物的过程，我们看到了一个孝顺的小熊，一个贴心的小熊，我相信小作者也是这样一个好孩子。文中语句通顺，用词得当，结尾点明主旨，是一则很好的童话故事。

指导老师：王铱

5年级

姹紫嫣红

孩子的世界很小，小到可以一眼望穿；孩子的世界很大，大到无法预测他们遨游得有多广阔。一起来走进他们的世界，感受纯真的心、动人的情、令人惊叹的智慧、奇幻莫测的想象，享受生命成长给人带来的喜悦。

第一次骑自行车

人生的每一次历练都是一堂精彩的课，让我们明白许多道理。“失败乃成功之母，从哪里跌倒就从哪里爬起！”便是我第一次骑自行车最大的收获。

记得在我5岁那年，妈妈送了一辆粉色自行车给我，作为我的生日礼物。我非常喜欢那辆自行车，也迫不及待想学会。

那是一个风和日丽的清晨，妈妈带着我去小区楼下学骑自行车。首先妈妈对我讲了一些骑自行车的技巧，接着她鼓励我：“宝贝，妈妈扶着你的自行车后座，你先坐上去试骑一下。”

“好的。”我爽快地回答了妈妈。当我真的坐上车座，就不自觉地忐忑起来。不过，在妈妈的帮助下我骑得越来越顺，突然妈妈告诉我她已经松开手了，我一回头就直接连车带人摔到了地板上。

妈妈三步并作两步跑过来，着急地问：“宝贝，摔疼了吧！”

我毫不在乎地说道：“没事，妈妈，我们再来一次吧！”

于是妈妈又交代：“宝贝，骑上去的时候一定不可以分心，一定要控制好把手，还有千万不要紧张哦！”

“嗯，好的，妈妈，我一定可以的！”在妈妈的耐心帮助和指导下，我终于学会了骑自行车。

如今，我已经9岁了，但我时常会想起这件趣事。还有，告诉你们一个小秘密哦，现在我还可以单手骑自行车了，呵呵！

（52班黄馨影）

点评：以小见大是本文最大的特点，小作者从学骑自行车中居然能悟出深刻的人生哲理。全文紧紧围绕中心“失败乃成功之母”展开，主要采用对话叙事，字里行间充盈着积极乐观的人生态度。

指导老师：廖艾红

雾漫小东江

雾，一种常见的自然现象。但万物皆有美，这常见的雾在不同的场合、心境也会有令人惊奇而又梦幻的时刻。在郴州颇负盛名的“5A级景区”——东江湖，我就感受了一番如梦似幻的雾境。

东江湖景区里有许多值得一去的地方，比如“猴古山瀑布”“大坝外景”“兜率溶洞”，还有惊险刺激的“东江湖漂流”……但最令我赏心悦目的还属那如天堂仙境般的“雾漫小东江”。

想要到东江看雾，最好得清晨。早晨六点钟，我们便起床，用20分钟洗漱，步行10分钟到候车点，经过半小时车程才到达景区。

景区里人山人海，我们好不容易才挤到前排，旁边很多上了年纪的爷爷奶奶都带着相机，估计想拍下这如梦如幻的场景。或许，越是上了年纪，对美的向往就会越强烈吧！忽然，从远处隐隐传来歌声，由远及近。因为雾太浓，直到歌声离我们只有几米时，我才看清河上飘来一只渔船，上面一位渔夫正在边划船边唱。由于用地方方言唱歌，我听不懂歌词，但从曲调上可以感受到他那份闲情雅致，也让东江湖增添一些人文气息。

这时，我再留心看周围的景物，才发现了一些奇异之处。看！远处有几座山直穿云霄！可这并不是高原地带啊，怎么会有如此高耸的山呢？后来，导游姐姐告诉我，因为雾又可称为“低空的云”，它缠绕在山峰之间，即使是丘陵地区，我们看山也会有高耸入云的感觉。

不一会儿，天下起了小雨。大雾也慢慢散去，朦胧中，我们看到雨落下来让湖面泛起阵阵涟漪，一圈一圈漫开，是那么匀称那么秀美。再加上耳旁传来的鸟儿鸣唱，雨滴在水上、地上、叶上发出的脆响和船桨划动的声音，天地间突然变得奇异美妙起来。

领略了东江湖的雾境后，我才知道，梦幻的仙境是存在的，只要你有一双发现美的眼睛。

（48班向添乐）

点评：小作者围绕“雾”写出了东江湖的梦幻之美。文章开门见山点出东江湖“云雾缭绕”这一与众不同的特点，再分别写了看雾的游人和雾中的美景，浓墨重彩地将雾中的美景进行了描写，内容详略处理得当。结尾处既首尾呼应，又抒发了自己独特的感悟，升华了主旨。

指导老师：朱红果

"傻"读记

书籍是人类进步的阶梯，书籍是人类思想的营养品，读书就是在和高尚的人交谈。

——题记

陈毅小时候读书痴迷到吃墨水，鲁迅小时候生嚼辣椒驱寒坚持读书，王亚南睡三脚床警示自己勤学……我想每个人都会因读书时太过于专注而发生许多不可思议的故事吧？大家听了我的读书故事后，一定会笑得前俯后仰。

一次阅读课上，我从同学那里看到一本《十万个为什么》，好奇心强的我被这十万个"为什么"深深地吸引住了。于是星期五放学时，我非拽着老爸去书店，直到我寻觅到了这本《十万个为什么》。回到家里，我迫不及待地揭开了书的包装，心急地打开书的目录。眼前的画面让我惊呆了——美丽的大自然，千奇百怪的动物，和电视上的一模一样。那丰富的图片，像磁石一样紧紧扣住了我的心弦；那生动有趣的介绍使我如醉如痴。就这样，我读着，乐着，沉醉其中……突然，一束刺眼的光亮朝我射来，把我从奇妙的大自然里拉了回来。我抬头一看，天哪！好强大的阵势，爷爷奶奶，爸爸妈妈的目光是如此犀利，动作更为夸张，有手拿美国轻骑兵，有开着中国红箭坦克……一齐向我攻来！哦，原来疯狂的阅读让我痴迷到“白天不懂夜的黑”！

吃饭的时候，我左手拿书，右手拿筷子，一不小心身体向后倾斜了一下，摔了个四脚朝天。四位长者望着我也只能无语。我有个阅读宝地，那安全、安静，绝对无人侵袭。你们猜猜看是哪？对，厕所。记得一次，我手捧爱书坐在马桶上，读着读着，竟“不省人事”了！现在想起来，自己真是读书成癫了！

相信各位读者一定在笑我吧？我也觉得自己挺可笑的。事后大人们是苦口婆心一番。我也渐渐明白喜好读书是好事，但像我这等“傻事”还是要避免的，你说呢？

（46班马家煌）

点评：小作者用风趣幽默的语言描写了如痴如醉阅读的“傻”事。字里行间，充满童趣，欢声笑语不绝于耳，不失为一篇佳作！

指导老师：徐婕

小草的启示

我赞美坚贞的松柏，我欣赏勇斗西风的篱菊，我歌颂莲花的傲视污泥，我敬佩梅花的傲雪怒放，可我最爱生命力顽强、坚韧不屈的小草。

学校操场的入口处有几丛草，每年春夏两季小草长得茂盛，秋冬逐渐枯萎，但来年却又再焕发出勃然生机。这让我想到了“花有重开日，人无再少年”。

小草虽然渺小，但却积蓄了巨大的能量。你瞧大风来临时，大树的叶子早已满天飞舞，可小草却只是跟着风向，摇摇摆摆。尽管有同学随意践踏，有蜗牛疯狂蚕食，还有狂风暴雨无情地侵袭，可小草依旧不怕困难，挺立在那里。

它虽不怎么起眼，但数量众多，马路边、田野里、石头上……都有它的身影。它们和树木一样，可以净化空气，防止水土流失，调节气候。

今后，我们要像小草那样，无论遇到什么样的困难，受到什么样的挫折，都应该坚强不屈。我们还应好好学习，长大后像小草那样为社会做贡献，成为有用的人、有价值的人。可惜我们不能像小草那样枯萎了又再焕发光彩，所以我们不能虚度光阴，要珍惜时间。

（47班邓景仁）

点评：在小作者的笔下，小小的不起眼的小草却有着自己独特的味道，它生命力顽强，它净化空气，小小的身体里积蓄着大大的能量。文章结尾处由小草得到启示，要做像小草一样坚强不屈对社会有用的人，认识深刻。

指导老师：黄可

幸福在哪里？

“幸福在哪里呀，幸福在哪里，幸福在那……”

幸福，它每时每刻都环绕在我们的身边，它有时在叮咛中，有时在同学们的欢歌笑语中，有时甚至还在声声责骂中……正因为如此，在人生旅途中，幸福无处不在。

一个周末的下午，我写完作业，吃完饭后待在家中甚是无趣，便想出去溜达一下，反正天色又不算晚。于是我央求爸爸一同出去骑自行车，得到爸爸的允许后，我俩骑着自行车上路了。我平常骑自行车有点懒，不怎么踩脚踏板，所以自行车都是一路滑行，速度是正常人的一半。在快骑到白石广场时，我已经离爸爸有50多米远了，我加快速度，想追上爸爸，正当我快追上爸爸时，倒霉的事情发生了：我的自行车突然打滑，越过光滑的砖滑到草丛里。接着，只听见“哐当，咚……”一声巨响，我摔了个四脚朝天，车子歪倒在我身旁。爸爸急忙奔过来扶着我坐在草地上，连声喊到：“儿子，摔痛了没？爸爸帮你吹一吹，你就不疼了。”听到爸爸的话，我的心里顿时涌出了幸福的暖流，我知道了，幸福就是一次亲切的安慰！

一次，我们班举行小考，看谁的成绩比以往的成绩好。临考前检查考试用品时，我愣了一下，怎么改正带不见了呢？看看别人，似乎也没有人拿我的改正带呀。突然，身后传来一个声音：“没有改正带吧，我借你。”我的心里顿时感到无比幸福！

原来，幸福无处不在，只要你有一双善于观察的眼睛，用心去感受，幸福就在身边。

（47班何润湘）

点评：幸福在哪里？幸福无处不在。瞧，受伤时爸爸的细心呵护是幸福；忘带改正带时同学的热心帮助是幸福。只要我们用心感受并怀着一颗感恩的心便无时无刻不被幸福包围。

指导老师：黄可

“石塑”

老哥

我的身边能人之多，好似沙滩上的金沙：有能歌善舞的“百灵鸟”——刘嘉颖，她那优美的歌声如余音绕梁、三日不绝。有聪明绝顶的“神算子”——向添乐，所有题经他之手，没有不能解答的。更有机灵古怪的“百事通”——贺乐东，班里所有的大小事务，无他不知，无他不晓。不过，我最崇拜的能人是我的哥哥。你看他高高的鼻子上架着一副厚厚的眼镜，看起书来一动不动，无论你干什么，他都不理不睬，就算有个力大如牛的力士也不一定能把他从书的世界中拉出来，坐在那里，简直就是一座石塑。

一次，哥哥来我家玩。刚推开门，他就“嗖”的一声冲进书房，打开书柜，拿出他未读完的《追风筝的人》，快速翻阅起来。那阵势，如一匹饿狼扑在羊群“大开杀戒”。我见他时而嘴角微微一翘，时而眉头紧锁，随即舒展开来，时而感叹一声，也只好跟妈妈唉叹：“又来了！”不过，我一直捉摸不透，哥哥为什么这么喜欢看书？又不是好吃的，值得这样？

后来妈妈把饭菜做好，我被诱人的香气勾到饭桌前。西红柿炒蛋、凉拌黄瓜、辣椒炒肉、海带汤……看得我的口水“飞流直下三千尺”。可我那“石塑”老哥仍然没有丝毫动静。“哥哥，吃饭了！”我扯破嗓子喊，没回应。等我压下心中的怒火跑去书房一望，只见他还是坐在椅子上看书，眼睛在书页上扫来扫去。我走了过去，拍了拍他的背。他仍一动不动，仿佛我刚才拍的是一座“石塑”。“呵呵！”哥哥突然哈哈大笑。“你……你……”被惹怒的我气得脸跟西红柿般红，一把抢过了他的书。

哥哥这才回过神来，“干吗？打扰我看书！”

“吃饭了！”

“哦，再看一会就去！”

“不行!”

“书本是全世界的营养品。”哥哥一本正经地说道，“我一直在享受呢，别打扰我。”

等我回到桌前，饭菜都凉了，苦了我一桌的美味啊！唉，我拿书房里那座久立不动的“石塑”有什么办法呢。

（48班汤康颖）

点评：一看本文特别、有新意的标题，读者就有继续读文的欲望。文中抓住老哥读书的各种表现，将“石塑”老哥爱书如痴的特点刻画得栩栩如生。文章语言风趣、有情境感，很有看头。

指导老师：朱红果

那一次，我们真后悔

俗话说：“胜不骄，败不馁。”大家都知道骄傲使人落后的道理，可我们班却因为骄傲轻敌出现了一次大失误。

那天，风和日丽。我和同学们高兴得手舞足蹈，因为，从广播里传来铿锵有力的声音，“请各班同学到操场集合，开始举行拔河比赛！”顿时，教室里炸开了锅，大地仿佛都要震裂了，班上一个同学在高呼：“同学们，表现自我的时刻到了，大家都把吃奶的劲使出来……”

到了操场，我们开始进行拔河比赛。我很幸运，被选到队尾当主力，就等广播室的一声口令了。过了许久，裁判员说可以做预备动作了，终于可以大显身手了。我们纷纷做好准备，每个人都摩拳擦掌，跃跃欲试。“准备，开始！”一声令下，比赛开始了。一开始，全班士气高涨，绳子一点一点地往我们这边移动，与此同时，拉拉队员的加油声响起，声音震耳欲聋。眼看胜利在望了，我们可高兴了，最后一刻我们都爆发出了自己的小宇宙，我明显感到有一股力量往手中凝聚，拔河绳在继续向我们靠拢，终于，我们取得了胜利。

我们赢了，我们赢了！同学们欢呼雀跃，骄傲的情绪也在心中

蔓延，看着趴在地上的对手，甚至有人轻蔑地说："手下败将，你们是比不赢我们的，放弃吧，我们是所向无敌的！"

第二轮比赛开始了，同学们露出了得意的笑，都以为胜利在望。谁知，比赛口令一响，对手像有了魔力一般，飞快地占了上风，我们阵脚大乱，再怎么尽力，也是无力回天了，对手不费吹灰之力就将我们打败了。

那一次，我们真后悔，如果我们谦虚谨慎的话，结局可能会很完满。

（50班陈凌智）

点评：真实，是本文的最大特点，语言虽不华美，却极富情感，让读者读起来非常亲切自然。"胜不骄，败不馁。"希望你们铭记文中包含的道理。

指导老师：贺婷

彩虹，在风雨后

分歧，让朋友之间的爱更美好。

——题记

我有两个好兄弟：爱耍性子的王楚声和特爱搞笑的韦世纪，我们三个的关系可谓是亲如兄弟，可这一次却因为一点鸡毛蒜皮的小事掀起了一场“暴风雨”。

风雨来袭

中午，我在教室里游荡，“谁来陪我玩一会啊？”我百无聊赖地说。哎，还是去找我的那两个好兄弟吧。我走到王楚声面前：“小王啊，陪我一起去玩一会呗。”王楚声不耐烦地说：“去去去，我没心思陪你玩，我还得写作业呢。”“哼，不去就不去，我还不稀罕呢！”我回敬道。我又走到韦世纪面前：“韦世纪，陪我去玩一会嘛！”“玩什么？”他看着我。“去操场玩游戏啊。”我说。“不行不行，作业没完成。”韦世纪埋下头继续写了起来。我生气极了，竟然都不搭理我，我一手把韦世纪的改正带摔到地上，又跑到王楚声面前，把他的课外书撕了一页，然后头也不回地跑出了教室。

我一个人冲到了操场，刺骨的寒风吹乱了我的头发，也吹乱了我的心。

“明明是你错了，你为什么不去道歉？”我心中有一个声音在质问自己。“我没错。”另一个声音答道。

"不，你错了。""没错……"

寒风吹红了我的脸。

雨过天晴

经过一番思想斗争，我决定向他俩道歉。

才迈出一步，心想：万一他俩不原谅我呢？不，就算他们不原谅我，我也要跟他们道歉。我再次鼓起勇气回到了四楼教室，看见他俩坐在一块，我径直走到他们面前，像稻子一样弯下了腰："对不起，刚刚我一时冲动，所以才……"话没说完，眼泪就滚到了腮边。

他们突然站了起来，一手勾到了我的肩上，笑着说："没事，我们永远都是最好的兄弟。""刚才……我……弄坏的东西我会赔给你们的。"我感到万分惭愧。

"没事，就当我送给你的，好兄弟计较这么多干嘛。"

他们的话就像一股暖流涌入我的心田，这一次的分歧，让我们的心贴得更紧了。"兄弟敦和睦，朋友笃诚信。"我多想在今后的生活中与他们同甘共苦，一起走过漫长人生……

(50班肖浩轩)

点评： 人生最难求的就是知己两三，能拥有如此深厚的友谊真为你们感到高兴。希望你们牢牢记住"兄弟敦和睦，朋友笃诚信。"这句话。

指导老师：贺婷

瞧，我们一家子

我们家有三口人：爸爸、妈妈、我。虽然我们三人性格各异，但我们组合在一起却是非常和谐。

“无敌修理工”爸爸

说起我的爸爸，他有很多爱好：看新闻、读古今中外的名著……但我最喜欢、最佩服的是我爸爸那惊人的修理技术了。记得有一次，不知怎么我家的燃气大锅炉坏了，爸爸回到家，见我和妈妈正愁眉苦脸地坐在椅子上，连忙问我们俩咋的了。我把事情一五一十地告诉了爸爸，爸爸听了，迅速地从柜子里拿出万能工具箱，走到大锅炉前面，把工具箱一开，拿出了里面的秘密武器……仅过了十分钟，爸爸就亮出胜利的姿势，说：“搞定！”就这样，这个废弃的大锅炉就变成了爸爸的“战利品”！

“超能干”老妈

我能干的老妈，特别爱劳动，尤其是喜欢给我们炒菜吃哦，我老妈炒菜的手艺可好了，每道都是“中国好味道”。你看，我老妈一挥手，拿起锅铲，油一放，只听见“嗞”的一声，一阵浓浓的香气扑鼻而来。当老妈做的一道又一道美食慢慢地“飘过来”时，我们就像鲸鱼一样的吞食，牛一样的吃

食。你想想看我老妈做的“中国好味道”有多好吃呀!

“小小马虎虫”——我

“天哪，我忘了!”“天哪，这题目又做错了!”我的妈呀，我真像一条蠢蠢欲动的“马虎虫”。无论何时何地，总会留有我因马虎留下的纪念品。这不，又来了：事发当天，我去上学，忽然，我发现数学书忘带了。于是，我向杨老师借了一本数学书，拔腿就往教室走，走进教室找到位置坐下，才发现我在一个陌生的环境，周围都是陌生的面孔，他们都用诧异的眼神望着我，啊!!! 原来走错教室了……你看，你看，我真够马虎吧，所以，我自己弄了个昵称——小小马虎虫!

我们家的人各有各的特点：“无敌修理工”爸爸、“超能干”的妈妈，对了，还有“小小马虎虫”——我。瞧，我们这一家子!

(46班肖士凯)

点评：情节生动有趣，叙述清楚，小作者凭着丰富的想象，凭着多彩的语言，将别具一格的一家人呈现在读者面前!

指导老师：徐婕

怪兽大作战

“丁零，丁零。”家里只有我一人，为了安全起见，我从猫眼里看去，原来是京东商城的快递来了。我打开门，签收了快递：“耶！爸爸在浙江给我订购的怪兽皮套终于来了！”我灵机一动：“要不，吓他们一跳。嘿嘿嘿嘿……”（平时的乖乖女也邪恶一回。）

我迅速回房间把皮套穿上，等待他们的到来。怎么这么久还没来？我等得有些不耐烦了，正准备放弃计划。“咚、咚、咚！”是妈妈的脚步声，那渐渐逼近的高跟鞋踩踏声使我的心跳加速，血压上升。他们上来了，我连忙深呼吸，准备迎战！

“吼……”我冲出房门，奔向他们就是一顿乱扫。

老妈发话了：“天哪，难道我们家有怪兽？快跑呀！”

大家都被我吓跑了。唯独有一个人——我的小表妹“诗诗”没有跑，只见她拿出一个手环，还自带配音：“朱朱奥特曼——变身!”（难道传说中的猪猪侠……哈哈，不可能！）她并没有变成奥特曼，只是转了几圈，小手指向我，道：“怪兽，我要与你决一死战!”

“嘭，嘭！”她打我，我打她；她踢我，我也踢她……我们就这样交战了很久很久，直到耗尽最后一丝力气爬上二楼躲进房间。由于现在是夏天，我的皮套又厚又重，我实在是撑不下去了，便把皮套脱了下来，躺在床上大口大口地喘着气。（第一次觉得自由呼吸的感觉真好！）见楼上好一阵子没有动静，被我吓得半死的他们上来了，看见我躺在床上就问：“怪兽呢?”

“就是我啊！”“呵呵呵呵……小骗子，别跑!”我的脑子告诉我，一大波僵尸正在高速接近，“啊！救命啊……”

（46班李佳鑫）

点评：小作者构思巧妙，善于选点展开，行文跌宕起伏，耐人寻味。语言活泼明快，富有情趣。文章结尾不落俗套，给人以欲说还休的感觉。

指导老师：徐婕

校园的石榴

若问我校园里什么花最好看，那非石榴花莫属了。你瞧，石榴树的树干或粗或细，呈灰褐色，整棵树像一把撑开的大伞。石榴花像红宝石一样，镶嵌在树枝上！岂不美哉！

春天，石榴树发芽了，小小的树叶呈淡绿色，几场春雨过后，颜色慢慢加深了。微风吹来，树叶发出“沙沙”的响声，就像歌唱家，准备一展歌喉，陪伴我们快乐成长呢！

夏初，石榴花开了，一朵朵花儿星星点点夹杂在树叶之中，真像一群调皮的小精灵们眨巴着一双双灵活的大眼睛。盛开的石榴花紧紧拥抱在一起，如一对对亲密的姐妹，宛如一团团通红的火焰，照得我们心里暖洋洋的；它们像兄弟一般，谁也离不开谁。过了几个星期，这些花落了，变成了又青又小的石榴，暑假过后，刚走进校门，最吸引我的眼球的就是一个个又大又红的石榴。这些红石榴像一排排红灯笼。它们望着我们，咧着嘴笑着，好像在说：“同学们，欢迎你们回到云龙小学这个美丽的大家庭。”

秋风渐起，石榴终于完全绽开了笑脸。无论谁看到这么可爱的石榴，都会流口水。剥开石榴，露出了一颗颗晶莹剔透的“红宝石”，放几颗在嘴里嚼一嚼，一股甘甜的汁水直沁肺腑。

看着诱人的石榴，好想让它自己突然掉下来，砸在自己的头上，这样就可以轻而易举而又名正言顺地吃到这酸酸甜甜的石榴了。

（47班郭宇轩）

点评： 小作者通过细致的观察、生动的描绘，将苍翠的石榴树、红宝石般的石榴花、诱人的石榴带到我们面前，着实让人一饱眼福。透过充满童趣的文字，小作者淘气活泼的形象也跃然纸上。

指导老师：黄可

黄鼠狼给鸡拜年——不安好心

“黄鼠狼，甜言蜜语，黄鼠狼，蜜语甜言。”一只黄鼠狼悠闲地哼着歌大摇大摆地来到鸡太太家里。

“叮咚，叮咚。”黄鼠狼带着鸡最爱吃的玉米站在门前。“谁呀？”鸡太太听到铃声响起，忙跑来开门。一看见门口站着黄鼠狼，她吓得迅速往后一弹，瑟缩地问：“有，有什么事吗？”狐狸看见了肥得流油的鸡太太，满脸堆笑：“现在大过年的，我来给您拜个年哩！”黄鼠狼克制着口水流下来，“您看，我给您带了上好的玉米，可口着呢！”鸡太太看着黄鼠狼手中金黄的玉米，害怕被抛到了九霄云外，连声说道：“请进，请进，快请进。”黄鼠狼边走边在心里嘀咕，“没想到三两下就把这只母鸡搞定了，她可真够笨的。待会儿吃了她，可别把我这聪明的脑瓜也变笨了！哈哈！”

鸡太太给黄鼠狼沏来一杯茶，说道：“这大过年的，您跑这么远，辛苦了！”“不辛苦，不辛苦，您这么肥，我跑这一趟也值得！”黄鼠狼说完就露出了狰狞的真面目，朝鸡太太扑去。鸡太太这时才发现情形不对，自己上当了，立马大喊：“救命啊！救命啊！”这时，鸡太太的老公大公鸡闻讯闯了进来，看见黄鼠狼扑向鸡太太，连忙用尖尖的嘴不停地啄黄鼠狼。“哎哟！哎哟！”黄鼠狼抱头鼠窜，慌忙逃了出去。

这时，大公鸡语重心长地对鸡太太说：“老婆，我告诉你，黄鼠狼给鸡拜年——不安好心哪！你应该要多多提防他。”鸡太太懊悔地说：“是啊，我一定吸取今天的教训，下一次我再也不会引狼入室。”

（48班彭佳蕊）

点评：小作者紧扣歇后语表达主旨，充分发挥想象，创编了一个生动有趣的故事，读来让人回味无穷。特别是文中对于黄鼠狼和鸡太太的形象刻画，传神到位。字里行间足可以看出作者不凡的写作功力，值得点赞！

指导老师：朱红果

游盘龙大观园

今天，阳光明媚，是个出游的好日子。我们期待的盘龙大观园之旅就要在今天拉开帷幕啦，同学们都兴奋极了。

我们坐上大巴车，一路欢声笑语，不一会儿，盘龙大观园的大门就映入我们的眼帘，目的地到了，同学们又是一阵欢呼。

走进大门，一座像古代宫殿的建筑就展现在我们眼前，真雄伟。我们首先参观的是樱花谷，现在正是樱花盛开的季节，一簇簇花儿都将自己最美的身姿展现在大家面前，红的、白的、粉的……姹紫嫣红。我想，假如现在刮来一阵大风，花瓣随着风儿飘落下来，那一定会下一阵樱花雨，那样的景色是多么的美丽啊！

当我们还沉浸在樱花的芬芳中时，我们又来到了杜鹃园。

杜鹃园里的杜鹃美极了。一朵朵美丽的杜鹃竞相开放，有的花儿只有一种颜色，而有的却有两种颜色。不过最特别的是造型，杜鹃从侧面看，竟像一只鸟的尖嘴。虽然有的花朵还是含苞待放，我也觉得美丽无比。

参观完杜鹃园我们来到了茶园。

茶花园里的茶花最美了。每朵花都有我们的拳头大，它们看起来很朴素，可朴素中又带有几分华丽。虽然有的花快凋谢了，但也别有一番风味。我把地上的花瓣捡起来，把它们一片片铺在草地上，好像给草地穿上了花衣裳呢。

茶花园走过，我们又看到了中国的名花——兰花，还参观了蔬菜博览园。

下午我们去到了盘龙大观园中最大的一个园——养和园。那里山清水秀，空气清新，十分适合养生，难怪叫养和园呢。我们爬上了山头，开始了放风筝比赛……

愉快的时间总是过得太快，转眼太阳就要下山了，我们恋恋不舍地离开了这个风景如画的地方。下次，我一定还要再来饱览盘龙大观园的美景。

（50班李雨烟）

点评： 文章开头引人入胜，吸引读者。结构合理，流畅连贯，自然通达。充分运用比喻、拟人等手法，通过生动、形象的语言描绘出盘龙大观园的迷人风光，融情于景，表达了小作者对大自然的热爱。

指导老师：贺婷

四季的旋律

春天来了。春姑娘用她的彩笔给大地画上了一件绿色的环保衣，大树挺着笔直的腰杆，像个军人似地守护着大地。柳枝弯着腰对镜梳理她新长出的长发。各色鲜艳的花儿竞相开放，舒展着自己最美的身姿，散发着阵阵清香，吸引着蝴蝶、蜜蜂在她四周翩翩起舞。天上的大雁也排成了V字形，好像在给春天伴舞呢。春雨过后，竹笋们都探出了头跟着妈妈一起快乐成长。

夏天到了。夏娃娃来到了人间，火红的太阳在天空中炙烤着大地，知了热得在树上叫个不停，小狗也直吐舌头。孩子们光着膀子还觉得不够解暑，把小脚丫放入清澈的湖水中，时不时还有小鱼儿游过来亲吻他们的脚丫……

秋天到了。秋姑娘伴随着习习凉风来到人间，飘落的黄叶是秋姑娘捎来的邮票，告诉人们该收获了。这又是一个丰收年，农民伯伯忙着在果园摘果子，瓜果飘香，让人垂涎三尺。远处是一片金色的海洋，麦子熟了，稻谷熟了，好一派丰收的景象。

冬天到了。冬将军来到了人间，天空飘起了片片雪花，大地一片银装素裹，人们仿佛来到了冰雪童话世界，漫步在小路上，浪漫极了。我和小伙伴都穿上了羽绒服和靴子来到空地上堆雪人。我们先堆好雪人的外形，然后用一片树叶当作雪人的嘴，用一根胡萝卜当雪人的鼻子，两颗石子儿当作雪人的眼睛，还剩下的石头当作雪人衣服上的纽扣，把围巾围在雪人的脖子上，把一把扫帚插在雪人的右手里。雪人堆好了，胖乎乎的，它的眼睛炯炯有神，像两颗黑珍珠。鼻子红彤彤的，咧着嘴好像在笑着对我说：“太谢谢你们了，把我打扮得这么漂亮！”我们沉浸在欢乐当中。

我爱四季，爱春天的春暖花开，爱夏天的烈阳高照，爱秋天的天高气爽，爱冬天的鹅毛大雪。

（50班罗志航）

点评：小作者运用拟人、比喻等修辞对四季进行描绘，语言流畅、优美，文章生动逼真。整篇文章色彩艳丽，生机盎然。字里行间，通过对春夏秋冬的描写，抒发了小作者对四季的热爱。

指导老师：贺婷

冬亦有诗

冬，
白雪皑皑，
但，
在一片白色之中，
有一簇红色点缀着冬天，
哦，
原来是一枝腊梅，
她在一切都沉睡的时候，
悄悄地摆弄着柔美的身姿，
为冬谱写出一首清丽的小诗。

雪地会成为游乐场，
雪便是顽皮孩子的玩具，
打雪仗，堆雪人，
溜冰，雕塑，
都是好玩的游戏。
汪——汪汪，
瞧，小狗也跑来撒欢了，
它开心地用爪子刨着雪，
在地上滚来滚去，
好不热闹的场面。
快乐飞扬成诗，
在每一个脚印里，
都盛有诗的词句。

沉睡的熊，
发出呼噜呼噜的鼾声，
好似哼着小曲，
谱写春的乐章。
待到黑熊睁开了双眼，
满园春色，
尽在眼前。

火炉边，爷爷也讲起了故事，
红色的火苗跳跃着，
好生欢喜。
古老的故事，
在我的耳畔，
久久回荡。

冬，
亦有诗歌，
亦有欢乐，
亦有笑容，
……

（45班苏宸霄）

点评：这是一首描写冬日景色的儿童诗，表现出了小诗人对冬的喜爱之情。语言优美，富有童真童趣，读来朗朗上口，趣味十足，可以感受到孩子丰富多彩的内心世界，同时也心有共鸣。

指导老师：伍婧

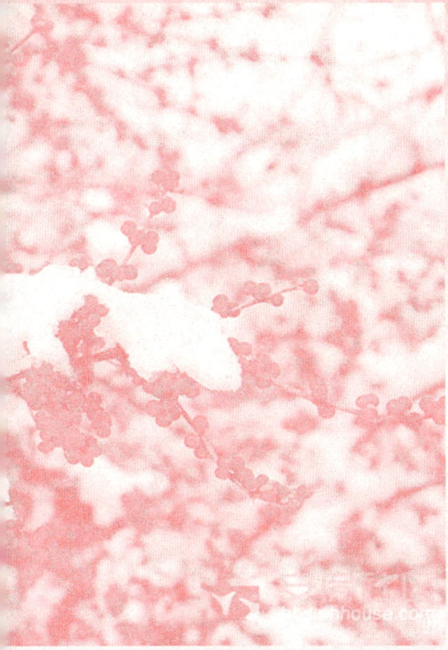

久逢冬雪

雪，晶莹剔透，散发着纯洁的美，于极寒之时，悄然飘落。那白茫茫的雪之世界，让我们日夜遐想。也许是我们的执着感动了上天，今年终于迎来了“雪之精灵”！

她，从天而降，带着一丝轻盈，温柔地挥洒出无数的雪花。顿时，天空变得一片雪白，仿佛在衬托这漫天雪花一般。她轻启朱唇，嫣然一笑，呼吸间带动着一阵阵的北风，让白色的雪花尽情地飞舞起来，房屋戴上了白色的帽子，树木披上了白色的外衣，大地也铺上了一层白色的地毯，整个世界好一片银装素裹的景象，宛如梦中的童话世界！

她，飞过小溪，穿越林间，来到田野里，微笑着向沉睡的蔬果挥了挥手，它们立刻苏醒过来，连连点头致敬，她又抛下朵朵雪花，为它们做成雪白的棉衣，它们窝在厚厚的棉衣里，是那么的温暖，再也不用担心自己会被冻坏了。都说“瑞雪兆丰年”，看来明年一定会是一个丰收年！

在她停留过的一片雪地里，一阵急促的脚步声传来，竟是一群蹦蹦跳跳的小男孩。他们戴着帽子，围着围巾，穿着厚厚的棉衣棉鞋跑了过来，迫不及待地弯下腰，捏起雪球向对方打去，寂静的大地上一次又一次响起了欢快的笑声。另一边的女生也不甘示弱，纷纷在地上滚起了雪球，堆成一个个白白胖胖的雪人，大地上一片欢腾，好不热闹！

终于，太阳渐渐升起，雪精灵带着对人间无尽的留恋，依依不舍地离开了。可大地上却依然回荡着阵阵的欢声笑语，证明着她曾经来到过！

或许雪精灵拥有的不仅仅是美丽的外表，她更拥有着一颗纯洁而又伟大的心。她给人们带来欢乐，滋润了万物生长，之后自己却悄然而去。谢谢你，雪精灵！我们期待着在不久的将来能够与你再次相见！

（45班刘清雨）

点评：小作者以灵动的词汇及优美的语言，将冬日雪景描写得犹如画一般的美。拟人的修辞手法赋予“雪”生命力，仿佛真的有精灵来到世间。读完文章，不禁感叹：美丽的雪景不仅在小作者的眼里，更在她的心里。

指导老师：伍婧

山村雪景

清晨，雪花悄然飘向大地，窗外是一个粉妆玉砌的童话世界。走进雪中，捧着那一片片洁白无瑕的雪花，欣赏着这幅如诗如画的美景。

雪花迈着轻盈的步伐，扑进大地母亲的怀抱，为寒冷的冬天添上了一丝美丽。树枝、竹子被积雪压弯了腰，像年迈的老公公一样。屋顶上，雪花为它特制的帽子，已戴在了头顶。山爷爷也被这群淘气的孩子，打扮成了一位圣诞老人。油菜田里，像盖上了一床厚厚的被子。山村雪景，真是一幅美丽的画卷。

小朋友们走在路上，一不小心，一个小伙伴掉进了冰凉的水沟里，全身都湿透了。同行的人都笑话他，而他却不以为然，也跟着大家笑起来。我和表哥、表姐也打起了雪仗。我们将雪捏成一个一个的小冰球，各自为营，你抛过来，我扔过去，衣服上、头顶上，满是雪。我们玩得不亦乐乎，直到吃饭，这场充满欢声笑语的“战争”才结束。

傍晚，雪渐渐大了起来，整个乡村，都成了雪的世界。突然，几片雪花落入我的嘴里，“原味”的，兴奋得我好不欢喜！

山村雪景真是美不胜收啊！

（45班肖蔺芷）

点评：好一幅山村雪景图，让读者仿佛身临其境。拟人的修辞手法为文章语言增色不少，也给大雪覆盖的山村增添了一份童趣。

指导老师：伍婧

最美云小

寒假结束了，迎着和煦的春风，踏着轻快的脚步，我又回到了让我兴奋不已的乐土——云小。这儿的天比别处的更可爱，空气是那么清鲜，天空又是那么明朗，让我总想低吟一首轻快的小诗。在这新的一个学期里，我们又有了新的目标，又有了奋斗的动力。

在这蔚蓝的如玻璃一般明净的天空中，点缀着几片鱼鳞似的白云，它们毫无目的地游荡着，还有几只麻雀在树枝上互相追逐着、嬉闹着。一路迎接我们的是路旁的那两排小树，它们已长得那么茂盛，好像告诉我们美丽的春天已经到来了。在活动场正中央，新摆上了一圈盆栽，小小的花朵是那么的娇艳欲滴。小水池里面的鱼儿和小乌龟在水里欢快的游弋着，水面上溅起的朵朵水花，好像也在欢迎我们的归来。在翠绿的树枝上，也钻出了一些嫩嫩的新芽儿，在春风中舒展开来，就像一片片碧绿色的羽毛在飞舞。真是“绿杨烟外晓寒轻，红杏枝头春意闹”。

在球场上不时闪过几道奔跑的、跳跃着的身影，那是同学们来打篮球、踢足球或组织游戏来了，欢快的笑声充满了整个校园。我们迈着欢快的步伐踏上了教学楼的楼梯。一路上，我们遇到了不少在图书吧看课外书的同学，他们或低吟或浅笑，完全沉浸在故事的意境里。我们来到焕然一新的教室，老师们正面带笑容，迎接着同学们的归来，聆听着同学们在假期中的收获。教室前面的黑板上写着老师对我们新的希望，教室两边贴着我们做的各个类型的作品，希望我们在新的一年里有更大的进步。

这就是我最爱的学校，温暖的家——湘潭县云龙小学！

（46班朱凯洲）

点评：欣赏完小作者笔下的云小，一幅幅校园美景图立刻浮现在我眼前。我想只有观察入微的孩子、对学校充满无限爱意的孩子才能发现身边的美，小作者就是！

指导老师：徐婕

我家的小能人

说起我身边的小能人，那可就数不胜数，有“古筝公主”“播音主持”“足球大师”“书法家”“百灵鸟”……可让我第一个想到的，还是我的“多面手”哥哥。

吉他王子

爸妈一早就出去跑步了，我在床上翻来覆去，想睡又睡不着。忽然，悠悠地传来了一阵钢琴声。不，仔细听，是吉他声。曲子弹得不错，优美悦耳。家里哪来的吉他声？我必须得开始“秘密侦查”了。穿好睡衣，光着脚，我循着声音悄悄来到客厅。咦！没人，好吧！我开始推理，爸妈出去了，只剩下我和哥哥。那应该是哥哥！这时，我才发现哥哥房间的门紧闭着，于是我蹑手蹑脚地来到哥哥房间门外，用耳朵贴在门上，果然，是哥哥在弹吉他。我轻手轻脚地把门推开，不知道是我推得太轻了还是哥哥太入神了没有注意，哥哥没发现我。我从门缝朝里看，只见哥哥坐在床

上，怀里抱着吉他，眼睛微微闭着，口里还哼着小调，仿佛古代城堡里正在演奏的王子。一个个美妙的音符交织成一首美妙的乐曲，在我耳边回荡。我在心里默念："好一个吉他王子！"突然，不知怎的，我的脚往后一滑，"扑通"一声摔到了地上。哥哥这才发现了不对，猛地一回头，看到我，惊讶地说道："杨思锐……"还没等他说完，我立马打断了他："我有一题不会。""哦，你先把你会的做完，我待会来。"哥哥半信半疑地把门关上。我在门外庆幸，总算逃过了一劫……

神算子

正当我在哥哥门外窃喜时，门突然打开了。哥哥低着头看我，眉毛紧锁在一起。还没等他开口说话，我就急忙说："有……有问题。"说完，就"嗖"的一声跑进房间里，拿出数学作业本，我用笔指着一道题，示意哥哥我不会。其实我只是在找个借口。哥哥把目光集中在这道题上，他一边说，一边用笔在草稿本上写着。我仔细听，发现他讲解得很细致，几乎和老师讲得一模一样。他滔滔不绝地讲着，犹如山上的溪水连绵不绝，从未间断。更让我惊讶的是，他计算的速度也很快，像一阵风似的。等他把算式讲完，同时也算出了答案，这可让我看呆了，嘴张得可以塞进一个鹅蛋。唉，老哥！你为什么这么厉害，不是让人羡慕嫉妒恨吗？看来"神算子"这个称号非你莫属了。可你这么厉害，有想过别人的感受吗？

（48班杨思睿）

点评：本文最大的特点是用一个事例写出了老哥两方面"能"，形式新颖，让人印象深刻。小作者妙用修辞，让本文语言特别富有生活气息，如："他滔滔不绝地讲着，犹如山上的溪水连绵不绝，从未间断。""我的嘴张得都可以塞进一个鹅蛋。"

指导老师：朱红果

一场小足球赛

一场精彩的足球赛，最终是以红队胜利，蓝队失败而告终。

这场足球赛源于费科和尼特两个守门员的约定。他们在课间约好两队于放学后到学校后面开阔的绿茵地上开始一场足球赛。“叮，叮，叮。”放学了，迎着灿烂的阳光，费科和尼特分别带着两队队员，风一般地飞出了教室。两队都到齐后决定，费科所在队为红队，尼特的队为蓝队。可球赛为何迟迟不开始？原来还在等各自的家人来观战呢！

不一会儿，队员们的家人陆陆续续来了。这时，从草丛里钻出来一条狗，它好像也想凑凑热闹，来看看这场足球赛。“开始，快开始！”一个穿红衣服的女孩着急地喊。“对对，对对。”旁边一个高个子，瘦瘦的中年人也附和着。狗似乎不耐烦了，开始“汪汪”叫起来！“开始吧！”费科说。“好。”“嘟——”随着裁判的一声哨响，一次“世界大战”一触即发。每队队员都全神贯注地盯着球。先由红队发球，红队前锋以灵巧的身手在对手面前左晃右晃，好像在向对手示威似的。蓝队也不甘示弱，一心想从红队脚边夺过足球，可心有余力不足呀。红队再也忍不住了，

只想快点胜利，便快速来到球门，猛地一踢，嘴里怒喊着：“进门呀！”那球似乎能听懂人话似的，也拼尽全身力气，像头巨龙一样向球门进发。“咚”球进了，“红队一分！”裁判说，这一局的胜利使红队士气大增，红队互相拍掌着，欢呼着，而蓝队则灰心丧气。不过，蓝队很快镇定下来，互相鼓励着，为对方打气。

再一次到红队发球了，红队队长帅气地一路运球，眼看球就要到球门了。不料，半路杀出个程咬金，蓝队先锋以迅雷不及掩耳之势用脚从红队前锋那夺回了球，给红队一个措手不及。蓝队队长飞快地将球直踢红队球门。“啊！”红队守门员滑倒了，他用手捂住伤口，鲜血从指缝中慢慢地流出。只好让替补队员上场。这个队员一上场，就士气十足，脸上一副“我一定是最棒的”的表情。这次由蓝队发球，球来到了蓝队队员脚边，蓝队队员飞快运球，不一会儿，球就稳稳地来到了蓝队“射门高手”的脚边。谁知，这时一名红队队员趁蓝队不注意，一下子将球夺了回来。他一脚就把球踢到了蓝队球门。“时间到。”裁判吹哨。最后红队以二比零的成绩打败了蓝队。

（48班林宣妤）

点评：本次球赛可谓是一波三折，结局挺让人意外。本文是一篇看图习作，小作者能根据简单的画面构思一场精彩的足球赛，对球赛中不同人物的表现进行细致描摹，其想象力确有过人之处。

指导老师：朱红果

激烈的“足球世纪大战”

一个阳光明媚的下午，空气格外清新，几只小鸟在枝头欢快地唱歌。在一片绿草如茵的草地上，一场“足球世纪大战”一触即发。

裁判一声令下，这场足球大赛正式开始了。发球方是蓝队，蓝队的前锋带球飞跑，直冲球门。红队的后位赶快将他拦住，红队中锋也过来支援，双方开始争抢足球。混乱之中，蓝队前锋突然把球传了出去，蓝队另一个前锋迅速接住球，冲到了红队球门前。红队守门员立即张开手臂挡住了他的进攻方向。谁知，蓝队前锋却没有把球踢进球门，而是将球传给了球门旁边他们队埋伏已久的中锋。中锋趁这个空挡，一接到球便用力一个射门……好，定格了。所有人屏住呼吸，目光都投射在足球上。“球进了！”观众席上顿时爆发出雷鸣般的掌声。

蓝队队员们一个个精神抖擞，奔跑着击掌庆祝。而此时，红队队员的心情开始有一点点沉重起来，他们已经丢了一分，接下来必须努力得分。他们在心里定下了目标：比赛一定要赢！

比赛进入第二轮，蓝队前锋依旧带球飞跑，势如破竹，直逼红队。此时，红队的后位就像一堵坚实的巨墙，防守严密，让蓝队前锋无法前进。蓝队只好改变策略，将球传给了另一个队员。此时，赛场上的足球就似一辆坏了刹车的汽车，在场上横冲直撞，最后竟然滚到了红队中锋脚下。旁边的蓝队见状，赶快过来拦截。慌乱之中，不知谁一脚把球踢飞了，球直冲红队守门员飞来。红队守门员见状，爆发出全部力量跃了起来，将球挡了出去。红队的另一个球员马上抢过球，他开始带球朝蓝队球门飞跑。他那红色的身影在空中飞扬，好像一团火焰跟着球飞到了蓝队球门前。紧接着，他又以迅雷不及掩耳之势用尽全力，将球朝蓝队球门射去。那足球好像也使尽全力，似巨龙般冲向蓝队的球门！“进了，终于进了！”观众全体起立，欢呼声、鼓掌声、惊叹声响成一片。那声音震耳欲聋、响彻云霄。

就在这时，“啊！”的一声让全场突然静下来，原来红队的守门员摔倒在地，他的膝盖磕伤了。旁边跑来一个健壮的小伙子，马上给他处理伤口。还好只是轻微擦伤，擦点药，休息一下就行了。

“让我代替你出战吧。”红队替补队员说。

“不，你练球不到半年，经验根本不足，而且最后一局，是决定胜负的一局，所以我必须出战！”红队守门员郑重地对替补队员说。

“可你的膝盖受伤了，如果继续上场，很有可能腿伤会更严重啊！”替补队员担心地说道。

红队守门员坚定地说：“我只是轻微擦伤，而且这场比赛关乎班级荣誉，我必须继续上场！”

“好，我们相信你！”所有的队员们过来，把手搭在一起，一齐互相鼓励：“加油！加油！加油！”

第三轮照常进行，这一场轮到

红队发球。红队前锋带着球一个转身，接着一个假动作。蓝队队员被红队弄迷糊了，开始慌乱起来。在红队球员直冲到球门前事，蓝队后盾赶紧赶了过来，挡住了他。红队队员便马上将球传给了另一个前锋。前锋一接到球便把球踢起，用力射门，球向蓝队守门员飞去，蓝队守门员伸直手臂奋力一跃，把球挡下，解除了这次危机。

比赛进入白热化，现在蓝队拿到了发球权。蓝队前锋几乎是没有阻碍地来到了球门前，好像一切都安排好了。足球向红队球门飞来，红队守门员咬紧牙关，忍住疼痛使劲一跃，用他没有受伤的左脚把球踢了出去。球被红队的中锋拦住了，他一接到球就向蓝队球门跑去，当蓝队队员来拦截时，他又传给另一个中锋。他俩配合默契，来到蓝队球门前。得到球的中锋把球腾空跃起，守门员也跳了起来，谁知这是个假动作，他又把球传给了另一个中锋。他用尽全力，一个铲球，足球像一个猎豹冲向蓝队球门。守门员刚刚落地，足球正好滚过球门。球进了！

观众们鼓起了最热烈的掌声。一个小女孩捧着一束野花，牵着一个她姐姐模样的女生来到红队守门员面前。“哥哥，你刚才那次射门好厉害哦！”说完，把那束野花递给了红队守门员。旁边那个戴着红蝴蝶结，穿着黑衬衣的女生，有些羞涩地把手中的花递给了他。他闻了闻手中的野花，微笑着说：“好香啊！谢谢你们。”这时，一个八岁模样的男孩，拿着自己手中的小足球对他说：“哥哥，你能不能教我当守门员啊？”红队守门员低下头轻轻抚摸着他的头：“好啊！你要耐心学哦！”小男孩信服地点点头。

（48班向添乐）

点评：小作者用活泼流畅的文笔向我们描绘了一场精彩激烈的足球赛。文中尤值得称道的是作者对球赛进行时球员们的动作、神态的传神描写，准确生动，读来让人如亲临赛场，感受现场的热烈氛围。

指导老师：朱红果

古筝高人

我的身边有这样一个小能人，她可是一个弹古筝的高手！

在校园“云小达人秀”中，她给大家带来了一曲《高山流水》，让我们听得如痴如醉。在悠扬舒缓的音乐声中，她身着蓝黄相间的古代汉服，款款坐在了古筝前。还没等你细看清楚，她就投入了演奏状态。只见她的手在古筝上快速地移来移去，一个个动听的音符从台上飘了下来。等她将手从古筝最高处，一路滑下，我们仿佛听到了一串瀑布流水飞流直下的声音。慢慢的，我们在她优美的音乐声中来到了一个美丽的湖泊旁，湖边还静静地泊着一条小船。岸上的野花什么颜色都有，异香扑鼻，时不时飘来阵阵花香，沁人心脾，让人心旷神怡。耳边突然传来几声鸟叫，这样鸟语花香的景色怎么会不让人陶醉啊！

一曲完毕，我还沉浸其中，再看看其他的同学，他们也微微闭着眼睛，一副意犹未尽的模样。台上的她朝大家微微一笑，轻轻地站了起来。过了好一会儿，会场才响起了热烈的掌声，久久都没有停歇下来。她在大家的注目下缓缓地走下了舞台。

这个弹古筝的高人你们知道是谁吗？她就是我们班的黄小舒。

（48班张宣仪）

点评：读了小作者的文章，一个娴静可爱的小姑娘款款向我们走来了。作者细腻描绘了自己听乐曲时所产生的联想，语言精彩，画面动人，让人如闻其声，如见其人，虽不能至，心向往之。

指导老师：朱红果

幸福是一杯红糖茶

在蜡烛眼里，幸福是牺牲自己，照亮他人；在骏马眼中，幸福是在草原上自在地奔跑；在雄鹰眼中，幸福是搏击长空，逆风飞行；在蜜蜂眼里，幸福是那一盆盆的蜂蜜中有它采来的一滴。在我看来，幸福是一杯平淡无奇的红糖茶。

或许你以为红糖茶平淡无奇，不可以被称为幸福，但听了这件事，你一定会改变想法。

那是一个大雨滂沱的可怕黑夜，雨“哗哗”地倾泻而下，雷声轰轰地响，闪电“咻”地在天空中划过一道狰狞的伤口。狂风呼呼地刮着，我在外面玩耍，不知不觉受了凉。第二天早晨，清晨的寒冷突如其来地扑向我，我顾不上穿外套，径直走进卫生间，把胃里未消化的东西全吐了出来。我以为凭着顽强的意志可以支撑，可谁知病情越来越严重。妈妈得知后便开始烧水给我泡茶，1分钟、3分钟、5分钟过去了，水却迟迟未开，虽是几分钟，但却那么漫长。“嘀”的一声，水开了。妈妈又快速小心翼翼地端起茶壶，有条不紊地开始泡茶。首先，她以极快的速度泡了一杯白开水。抓起红糖熟练又均匀地撒在了水中。水先由透明变成淡红，然后成了深红，最后接近黑色。她用勺子舀了舀，然后递给我。

我舀了一勺，吹凉了一点儿喝了起来。最后等待温度适宜时全部喝光，那甘甜和温暖融进了我的心里。

每个人对幸福的理解各不相同，有时它可能是一个心爱的玩具，又或许是一份称心的工作……我认为幸福不取决于拥有多少钱财或权利，它十分平凡又无处不在。在我心中，幸福是一杯暖暖的红糖茶。

（47班罗思为）

点评： 幸福是什么？让一千个人来回答就会有一千种答案。本文小作者从小处着手，用细腻的笔墨向我们缓缓道出幸福的真正含义。在小作者看来幸福平平淡淡却又真真切切，它就在那一杯饱含着母爱的红糖茶中。

指导老师：黄可

春笋·童年·忆

童年是五彩缤纷的，就像海边绚丽的贝壳；童年是无忧无虑的，就像整天嬉闹的浪娃娃；童年是纯真甜美的，就像清澈甜美的山泉。

——题记

望着爷爷家门前那一片翠色欲流的竹林，抚摸着竹林里那一株株可爱的竹笋，我又想起了那段令我无法忘怀的时光……

入学前，我一直在乡下爷爷家住。那时的我每天和邻家的小伙伴们在田野里捉迷藏，看一群群小鸭子在池塘里戏水……要做什么，就做什么。想怎么样，就怎么样，一切都是那么无拘无束。

一场春雨过后，大地似被唤醒了。我和姐姐立马拿起小锄头，背着竹篓往竹林走去。干什么呢？对！我们正是去挖笋儿。初入竹林，映入眼帘的是一棵棵健壮的竹子，她们是那么翠绿、那么高。深入竹林，低头前行，你一定就能发现地上有一些刚刚冒出来的“小家伙”——竹笋。挖笋行动正式开始，可能是与笋芽儿初次见面，特兴奋。我迫不及待地把小锄头往旁边一抛，两脚撑地，用双手拼命地在地上刨起来，好似一条正在刨土的小狗，特有趣。姐姐看了我这副模样，笑得背都直不起来了。挖了大半天了，终于看到希望了，刚想掏出来，却一不小心踩空了，一屁股坐在尖尖的笋儿头上，“啊——”伴随着一声惨叫，我的屁股开花了，别提有多疼了……姐姐连忙把我扶起来，像个大人似的摇摇头，说：“哎，你这孩子！”

暮色降临，皎洁的月光给人一丝惬意，闪烁的星星，点缀了寂静的天空。奶奶把我们今天的收获变成了一顿丰盛的晚餐，看着桌上的“春笋宴”，我感觉格外开心，格外有成就感。

童年，是多么美妙；童年，是多么快乐；童年，又是多么惬意。然而现在，那段美好的时光只能深深地刻画在我的记忆中。让我们珍惜童年吧！

（46班李杰）

点评：小作者用清新有趣的语言，描写了童年挖春笋的事。字里行间，充满童真童趣，仿佛将读者带进了开心乐园，令人眉开眼笑，老师为你点赞！

指导老师：徐婕

童年趣事

——“勇”斗母鸡

翻开童年的相册，儿时的我是多么天真、无邪。小时住在乡村的童年时光是那么美好，其中有一件事让我记忆犹新……

小时候，奶奶家的后院有个用黑布围起的鸡笼，有一次我跑到那儿，环顾四周不见爷爷奶奶的身影，于是我灵机一动，悄悄走进鸡笼，准备开始我的“偷蛋行动”。我左瞧瞧，右瞧瞧，寻找鸡蛋的踪影，正寻思着要找一个大鸡蛋时，突然发现一只又肥又大的母鸡蹲在一个大木桶里，正瞪着一双炯炯有神的眼睛，怒气冲冲地看着我。我心里一惊，顺手从旁边捡起一根小木棍，现在的木棍在我手中已不是一根木棍，而是用来抵御母鸡猛烈攻击的武器。我手持木棍小心翼翼地靠近母鸡，母鸡睁圆了眼，嘴里也发出低沉的警告声，身上的羽毛慢慢膨胀开来，浑身上下充满杀气，仿佛要立刻把我吞噬。看这只愤怒的大母鸡，我心里打起了退堂鼓，但想到自己有一把木棍作武器，紧张的心情又平静了一些。我开始用木棍试探母鸡，刚要碰到它时，它便咯咯直叫，张开双翅像火箭一样向我冲来。我被母鸡的架势吓了一大跳，顿时不知所措。母鸡的速度和力量远远超出我的想象，此时的我只能选择三十六计之上策——走。我迅速甩掉手中的木棍，狼狈地撤退到离鸡房好几米远的地方，但这只被我惹急了眼的母鸡却丝毫没有放我一马的念头。我只好继续拼命奔跑，我感觉自己跑得比刘翔还快，足有要破世界纪录的势头，却依然无法摆脱这只怒气冲冲的“战斗鸡”。我疯狂地跑着，跑着，突然脚下一滑，摔了个四脚朝天，在地上打滚，滚到了水池边上。凶残的母鸡仍咯咯地叫着，还在我脚上啄了好几下，痛得我连连尖叫起来，这时更不幸的事情发生了，旁边的其他鸡鸭，猜不懂是想给母鸡助威，还是误以为我是食物，都兴致勃勃地跑过来聚集到我身边，津津有味地啄起我来。

最终，我带着满身的泥巴和伤痕，含着眼泪，沮丧地回了家。我心想：人们都说老虎的屁股摸不

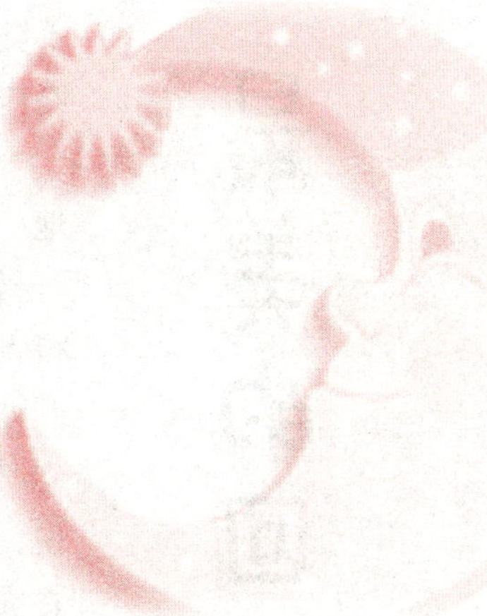

得，这母鸡的蛋也碰不得啊！

时光飞逝，几年过去了，每当我想起这件狼狈的事情，都忍不住笑起来。

（45班杨志翔）

点评：文章首尾呼应，语言幽默，讲述了童年时发生的一件有趣的事情，将“勇”斗母鸡的过程写得生动形象。通过细致的动作、神态和心理描写，体现出勇斗母鸡变拼命逃离的狼狈模样，巧妙地表达了给“勇”字加上双引号的含义。

指导老师：伍婧

最美的回忆在童年

我们的童年多姿多彩。童年的趣事如天上的星星数不胜数，如大树上的绿叶让人赏心悦目，如涓涓细流叮咚作响……在记忆的长河中，有一件事令我印象最深。

那是好几年前的一个夏天，火红的太阳灼烤着大地，路边的小花小草垂着腰动弹不得，似乎在乞求："云姐姐，我口好渴啊，求你下一场雨吧。"在游乐场玩得大汗淋漓的我赶快跑回家打算喝两大杯水解解暑，打开冰箱最先映入眼帘的是一个又大又红的冰镇西瓜，我立马把西瓜抱出来打算大快朵颐。这时，妈妈走过来说："瞧你口渴的样子，我帮你切。"等妈妈切完，我狼吞虎咽起来。糟了，刚才，有几粒黑色的东西从我的舌头滑到喉咙，一起吃下去了，一定是西瓜籽。

"我不小心把西瓜籽吞到肚子里去了。"我带着哭腔对妈妈说，"吞了西瓜籽，头顶会变成一个西瓜田，然后会结满了大西瓜。"妈妈笑着答道。听了妈妈的话，我更加提心吊胆起来。就这样，熬到了晚饭时间，妈妈做了我最爱吃的烤鸡腿，我津津有味地吃了起来，将西瓜籽事件抛到了九霄云外。享受完美味，我悠闲地坐在沙发上看电视。"糟啦！"我惊叫起来，"我刚才吃了饭，不就是在给西瓜增加养料吗？我刚才喝水，不就是给西瓜浇水吗？"越想我的内心越不安，于是我早早的上床睡觉了，想暂时忘却内心的烦恼。在睡梦中，我梦见自己的头顶上真的长出了西瓜，绿油油的一片，让人看了口水直流……我被吓醒了，浑身是汗，赶紧摸了摸头顶，还好，我还是原来的我，头还是原来的头……

现在回想起来，那时的我是多么的幼稚可爱，那一段记忆将会成为我童年最美的回忆。

（50班赵雅妍）

点评：行文流畅，语言幽默风趣，再加上一些精妙词语的使用，让你的文章增添了不少的情趣，希望你能保持这样的文风，用纯净的语言表达出精彩的世界。

指导老师：贺婷

6年级

馨香满园

时光老人的年轮慢慢前进，孩子们留下的串串深浅不一的脚印里，有成长的喜悦，有艰难的坚持，有失败的沮丧，有奋发的激情。他们在生命的前行中不断从幼稚走向成熟，从感性走向理性。感谢这段最特别的时光。

最美

如果说花是人间一道最美丽的风景，那么我觉得这份美丽不属于亭亭玉立的荷花，也不属于被誉为“花中之王”的牡丹，它应该属于在漫天大雪中顽强生长的腊梅。

冬日是寒冷的，连穿着大棉袄都感觉寒风刺骨。正值正月，天气冷得要命，我来到乡下奶奶家过寒假。平时生机勃勃的田野变得一片荒芜，平地也被枯枝占领，毫无色彩可言。不一会儿，北风卷着雪花洋洋洒洒地飘落下来。吃过午饭，我站在阳台上出神地望着外面这片白茫茫的世界。突然，我似乎看到有红色的东西在漫天大雪中若隐若现。我眼前一亮，赶紧跑过去，原来是一株腊梅。它满树挂满了红色的花，花瓣中间嫩黄的花蕊虽被白雪包围着，却仍旧散发着淡淡的清香，极是好闻。我知道，眼前的它一定被寒冷仙子冻得龇牙咧嘴，也一定被狂风王子吹得七零八落，但它就是不肯低头，不肯屈服。此刻，它与雪作伴，与风共舞。望着它，我心中不由得升腾出一股暖意，腊梅坚强不屈的精神深深感染着我。

当我抬起头，再次望着眼前飞舞的大雪，想着这株孤傲不屈的腊梅，一颗叫做“不屈”的种子渐渐在我的心中生根发芽。

那个冬日，我看到了世间最美的风景！

（40班罗锦添）

点评： 本文语言优美，充满诗情画意。作者写作视角新颖独特，从腊梅傲立雪中感悟出人生的哲理，发人深省。

指导老师：刘旭明

“凤凰”舞者

你听过《百鸟朝凤》的故事吗？这个故事本身就是一种艺术与美的完美演绎。百鸟之首，大自然最耀眼夺目的烈焰，有一天，我见识到了。

当四周都被照亮，原来漆黑的夜空光彩耀目，昏暗丛林中的危机变得清晰可见。突然，天空中闪起一道亮人的光华，一条素白的丝绸缓缓降了下来，伴随它的，还有一个小巧纤细的身影，她那精致秀美如皮影娃娃的容貌，令我倒吸一口凉气。

那柔弱无骨的身影还没给我一点缓冲的时间，便飞速地旋转，绵长的衣袖随风摇曳，似水飞舞，似火燃烧，似风戏耍，世间绝美也不及这一分；只见那身影一步一步爬上丝绸的顶端，如初阳升起，马上又似流星陨落，似花凋零，似叶飘落……我不由得想起了一首歌：她是战火中重生的天使，她是冰雪中绽放的玫瑰，她是梦中的神明，她温润如清晨的露珠，她是希望的重生，是光明的烈焰……动物们静静等待着她的降临，期待着她的一瞥，好似百鸟朝凤……

灯，又暗了，半晌，雷鸣般的掌声……

今天，我对美又有了新的认识。“罗袖动香香不已，红蕖袅袅秋烟里。”鱼与熊掌或许不可兼得，可此时我明白了艺术与美可兼得。也许，我不能如刚才台上的舞者那般熠熠生辉，也许，我不能如枝头热闹的繁花般璀璨，但尽管生命短暂，我也唯愿能做一只懂得“浴火重生”的凤凰。

（42班李舸帆）

点评：热爱阅读的你，写作已经走在了伙伴们的前面。尽管没有绕梁的音乐，我却仿佛听到了天籁之音，尽管没有绚丽的霓虹，我却仿佛看到了斑斓的色彩。文学，青睐于执着之人。你会做得更好！

指导老师：彭桃英

让心底盛开一朵花

记得，那次学校组织我们去排头乡中心小学进行爱心捐助活动。汽车沿着乡村公路一路前行，都市的风光渐渐远去，映入眼帘的全是平时少见的连绵山脉，心情也变得怡然，心里想着排头乡中心小学处在这样一片青山绿水之中也还是不错的。

不知不觉，我们的目的地便到了。可是，走下车的时候却并没有我想象中的美好。脚下虽然是一条水泥路，但坑坑洼洼的，旁边是干得硬邦邦的泥土，散布着零星的几株小草。再过去一点就是面积很小的树林，说是林子，其实也算不上，因为树干上光秃秃的，没有几片叶子，只有五六根树枝在那闷得发慌。看着眼前的“风景”，我不由觉得大失所望，原来这里只可远观不可近玩焉！我踮起脚尖，生怕弄脏这一身。

踏入学校的大门，放眼望去，

看不见高大的教学楼，看不见现代化的操场。整个只能用“简陋”二字来形容，除跑道外，全都被黄沙覆盖，微风一起，尘土飞扬。正值下课时间，操场上有很多孩子在奔跑，在嬉戏。突然，一个孩子迎面跑来撞到了我的身上，他的脸马上红了一大片，羞答答地道歉：“哥哥，对不起！”我冲着他笑了笑，说了声“没关系”，他竟乐开了花，好似得到了莫大的奖赏，又跑去和同伴玩了，欢笑声萦绕在我的耳边，显得那么纯真。我猛然醒悟：原来简陋的条件是夺不走一个人的快乐的！

“丁零零”，上课铃声响起，孩子们走进了教室，我也跟随着他们向教室走去。站在教室外的走廊上，教室内一览无余。只见课桌、黑板都显得很陈旧，想必是用久了的缘故吧。教室里的光线也很暗淡，导致书本上的字也看得不是很清楚。讲台不怎么入眼，早已失去了原有的光泽。可是，教室里孩子们一个个坐得端端正正，神情专注，琅琅的读书声不绝于耳。我突然明白了：原来，简陋的环境也夺不走一个人求知的欲望！

活动结束，我们打道回府。坐在摇摆的车厢内，看着渐渐远去的学校，迷离中，似乎又见那一个个快乐的身影，又见那一张张灿烂的笑脸，化成一片耀眼的花海……

（39班胡展嘉）

点评：小作者写的是一次爱心捐助活动，但是他没有着眼于活动本身，而是看到身处简陋环境中的孩子们依然快乐，依然保持着一颗向上的心，便有感而发写下了这篇文章。小作者的视角很独特，思想也很有深度，说明这是一个善于观察、善于思考的孩子。

指导老师：陈颖玉

三打毒品精

据说，唐僧师徒四人取完真经，立地成佛后，就各自回老家了。

在风景如画、山清水秀的花果山，孙悟空正在与众猴们开早朝大会。“禀报大圣，臣管辖的地方出现了一群小妖，据臣了解，他们都是出自东方的一个毒品洞，由毒品精带领到处行凶作恶，人们对此深恶痛绝，还望大圣出面去降了毒品精。”孙悟空手握拳头撑着脑袋，沉思了一会儿：“嗯，真是个麻烦的问题，待俺老孙前去查看。”

另一边，毒品洞里，毒品精们正在商量侵略人类大计，一个名叫杜冷丁的毒品精说：“大王，咱们可以变成各种食品，潜伏在人类的娱乐场所，他们肯定经不住我们的诱惑，一定会吃的，到时候……嘻嘻嘻！”“好！就这么办。”众毒品精举起酒杯附和。

话说，孙悟空来到了大街上，一边观察着路边的商品，一边埋头在手机上搜索着毒品相关资料。他走到一家KTV前停下，自言自语：“没错，就是这里，摇头丸军队就在这里。”说完，便走了进去。他悄悄地来到柜台前，毒品的气息到处萦绕，原因是柜台前陈列的各种各样的“糖果”，孙悟空用火眼金睛一扫，猛地用金箍棒往柜台上一砸，毒品全都呈现了出来，他又吐出一团三昧真火把毒品全烧了，顿时，半空中出现一团黑烟飘走了。在人们的惶恐和疑问中，孙悟空也随之而去，去捉那团黑烟。

追到一家酒吧前，突然，黑烟消失不见了。孙悟空急得抓耳挠腮：“狡猾的毒品，又让你逃了。”孙悟空看了看周围的店铺，计上心来，他眼珠一转，嘴角微微上扬，径直走进酒吧。五彩缤纷的瓶子里看似装着好吃又时尚的食品，实际却是破坏人体的毒品。孙悟空拔出一根汗毛，变成消毒剂，在酒吧里到处喷洒，过了一会儿，一群毒品精现身了，他们一个个抱头鼠窜，往东边的毒品洞跑去，孙悟空大笑：“哈哈，快点跑，等你们全聚在一起，再一起铲除。”

毒品洞里此时正闹翻了天，毒品精们一个个向毒品妖王诉苦。群魔愤怒，毒品精正要出洞教训孙悟空时，山洞上空就被重物打出了一个大窟窿，毒品精们大部分被压死了，毒品妖王一看是孙悟空，顿时大怒，立马迎上去与孙悟空交战，吐出毒网，拔出毒刀，施展迷魂战术都以失败告终，毒品精们死的死，伤的伤，无一人逃脱。

从此以后，再也没有人因毒品而死亡，生产毒品的工厂也被孙悟空毁掉，人们都称赞孙悟空厉害英明。毒品们，永不再见！

（41班唐熳）

点评：以“珍爱生命，远离毒品”为主题的作文确实很难写出新意，然而小作者将《西游记》中的“三打白骨精”巧妙地改编为“三打毒品精”，通过大胆的想象和合理的构思，情节生动有趣，“毒品们，永不再见！”再次明确主题。作者在构思方面确实独出心裁。

指导老师：陈惠

让心底盛开一朵花

小时候，我们都会崇拜一个人，或是医生，或是警察，或是军人……每个人的想法都会不同，我们多想长大后与他们一样啊！不知道那时的自己会是多么高兴。不知何时，一颗希望的种子悄悄地埋在了心中。

播种

我喜欢画画，从小到现在，一直如此。一次，有人对我说：“你既然这么喜欢画画，是想当一名画家吧？”我却毫不犹豫地否定了：“不，我不想当画家，只想当作家。”那人惊奇地说：“为什么？”我若有所思地说：“偶尔写几本书，让人们都能读上我的作品，该有多好啊！我希望这几本书能放在架子上，让人们能看到它，即使只是注意到了，也心满意足了。”渴望的心让我再也等不住了，这样的一颗种子便埋在了我的心底，让我向着这个目标前进着。

浇灌

自从有了这个梦想，我便不停地努力着，奋斗着。虽然在前进的道路上，一次次被绊倒，我又一次次地爬起来。心里想着：每一朵明艳之花的背后都浸透了奋斗的泪泉，洒满了牺牲的血雨。别人的风凉话和失败是困不住我的，我一定要坚持下去。额间的汗水浇灌着我心中的种子，它在发芽，在长大，在风雨的磨砺中变得越来越坚强。

收获

随着岁月的流逝，种子终于长成了小苗。失败了，我不气馁，因为失败是成功之母；成功了，我不骄傲，因为骄傲使人落后。就这样，当我的作文经常被老师当范文在全班展示，当我的作文经常见诸报端，当我的作文被越来越多的人称赞的时候，我知道我离梦想越来越近了。也许这些成绩微不足道，但是我始终相信，我心底的苗苗定会开出美丽的鲜花，甚至比鲜花还要灿烂耀眼。

在心灵的土地上埋下一颗希望的种子，用滴滴汗水去浇灌、去呵护，相信你也能盛开一朵美丽、芬芳的花朵！

（39班康琬莹）

点评：小作者热爱写作，从小便有当作家的梦想。她将自己的理想比作成一颗种子，播种、浇灌、收获便是她成长经历的一个缩影。本文构思巧妙，逻辑性强，一气呵成。

指导老师：陈颖玉

我读懂了勇敢

勇敢是什么?勇敢是苍鹰在长空中搏击；勇敢是梅花在风雪中怒放；勇敢是雏鸟独立出巢。但是，我们的人生中，曾几何具备勇敢呢?

一天，刚吃过晚饭，爸爸对我说：“儿子，我和你爷爷奶奶还有妈妈晚上去趟舅爷爷家，你可以自己单独在家吗?”我一听，仿佛掉进了万丈深渊。“自……已……在家？一个人?”我结结巴巴地重复着这句话。“男子汉大丈夫，怕什么，你一定能行的!”爸爸拍拍我的肩膀说。“好……吧。”我弱弱地回答了一句。

结果，他们真的把我留在了家里。不久，屋外下起了雨，“轰隆隆”的雷声不断传来，我心里越想越怕。于是我走到卧室里，拿了一把剑和一支枪出来“以防不测”。我静静地坐在沙发上，双腿不停发抖，手心也冒汗了。忽然，一声炸雷响彻云霄，随之而来的是一声尖叫：“啊……”这使客厅的气氛更加恐怖了。我看着电视机，只见屏幕上有微微惨淡的白光，我脑海里浮

现出电视剧中的一些恐怖片段，拿刀的小偷呀、吸血鬼呀、僵尸呀……心里越想越怕。

我马上从胡乱想象的思绪中挣扎出来，为了给自己壮胆，我把房屋所有的灯光都打开，屋里顿时“灯光闪烁”，我接着放音乐，把电视机调到我喜欢看的动画频道，渐渐地，我惶恐不安的心慢慢地平静下来。原来，要使自己不畏惧，必须克服胆小。我领悟到了：对于我来说，勇敢的定义就是要勇敢地面对任何一件事情，不畏惧、不退缩，勇于担当和承受，这就是勇敢。

过了不多久，他们回来了，看到家里华灯璀璨的景象，问我怎么回事，我把事情的经过一一地告诉他们，他们对我的行为竖起了大拇指。

直到现在，这件事还在我的脑海里回荡。也因为这件事，我明白了“勇敢”的真正含义。

（41班唐瑾浩）

点评：小作者通过晚上独自一人留在家这件微不足道的事道出了“勇敢”的含义：勇敢地面对任何一件事情，不畏惧、不退缩，勇于担当和承受。人生的经历何其宝贵！人生的感悟何其重要！

指导老师：陈惠

罂粟的“旅行”

温暖的亚热带地区是我的家，我外表美丽，开着红色的花儿，可有魅力了。我是谁呢?我就是闻名世界的罂粟。渐渐地，我的果实长成了，人们迫不及待地把我摘下来，从此我的命运掌握在了人类手上。“价格谈好了吗？好好好，早点把这批罂粟卖了去做鸦片！”我的心一颤，什么？要把我卖了？就这样，我被迫开始了“旅行”。

一路颠簸，我和同伴来到了一个黑漆漆的工厂。啊！好痛啊！他们真狠心，用刀子把我的果实割开，让我身体里白色的汁液流出。就这样，经过加工，我的另一种身份——鸦片诞生了。从此我改头换面，变成了白色的粉末。

没想到，改头换面的我居然很受欢迎。在黑暗的屋子里待了没多久，我就来到了一个年轻人的身边。他把我视为掌上明珠，捧在手心，轻轻地抚摸着，凑近鼻子陶醉地闻着，我都有些害羞了。受欢迎总归是一件好事，于是我舞姿弄影，迎合着我的新主人，和他同吃同睡，彼此形影不离。没想到，幸福来得快也走得快。没过几天，主人开始吸食我，虽然有些疼痛，但我忍了，谁叫他对我这么好呢?

原以为我完蛋了，没想到，我只是由主人体外来到了体内，我并没有和亲爱的主人分开，我不禁欣喜若狂。虽然我不再有洁白的衣裳，但是没关系，能和主人在一起就好。一天，我无意中听到了主人和他朋友的对话。“小周，你最近怎么消瘦得这么厉害？”啊？主人瘦了，我怎么都不知道？“小周，别再吸食鸦片了，你看看你现在的模样，还像个人吗？再吸，你会没命的！”啊！是因为我吗？是我害了主人？不！主人，对不起，我不知道我会害人。你对我这么好，我怎么忍心伤害你呢？主人，你让我离开吧！

不久，风华正茂的主人病逝了。我无比悲痛，我发誓我不再交任何人类朋友了，希望他们远离我，健康生活！

（41班赖雨欣）

点评：这是一篇以“珍爱生命，远离毒品”为主题的征稿作文，小作者以第一人称手法，通过“旅行”这一过程见证了罂粟的变化过程及鸦片对人类的危害，文章结尾“我无比悲痛，我发誓我不再交任何人类朋友了，希望他们远离我，健康生活！”点题立意。本文新颖的构思值得我们学习。

指导老师：陈惠

摘玉米

去年暑假，我回到了老家。在那儿我有两个非常要好的伙伴——心怡、心雨。平时写完了作业我就和她们一起去玩。我们悠闲地享受着这短暂而又快乐的暑假生活，每天我们不是一起钓鱼、捉蜻蜓，就是摘果子、爬山……其中让我最难忘的事，是和她们一起去摘玉米。

那一天上午，我又到她们家里玩，我们玩累了休息时，她们问我："下午我们有活动哦！我们和老爸一起去田里摘玉米，你去吗？"我想了一会说："我回去请示一下'领导'，看她同不同意。"说罢，我便像风一样地向家跑去。她俩在我的后面小跑着追我。

我气喘吁吁地回到家，小心翼翼地问："老妈，下午心雨和她爸爸去摘玉米，我可以去吗？"出乎我的意料，老妈竟然爽快地答应了。接下来，简直就是漫长的等待，可算是把下午给盼到了。我和她俩站在她爸爸的三轮车后面，轻风拂面的感觉可真好。还没来得及细细体会，这美好的时光很快就过去了，玉米地到了。我们下了车，看到了一片金灿灿的玉米地，玉米秆已经有一个人多高了，翠绿的长叶像仙女的绿飘带，绿油油的在风里摇曳。一个个玉米像小宝宝一样，裹着嫩绿的衣服，小玉米为什么不敢露头呢？一定是在害羞吧！心雨的爸爸给我和她俩手上各发了一个蛇皮袋，而心雨的爸爸拿

了个更大的袋子，钻进了玉米地。我们仨则分工合作，她俩到上面掰玉米，我一个人在下面给玉米脱外衣，总会看到里面金灿灿的玉米粒，在阳光下，更加让人垂涎三尺！可不是每一个玉米都这样饱满，有的里面有虫子，我可是很怕虫子的，但是我给玉米们脱外衣时，看到虫子是免不了的事，我还时不时地被吓得尖叫，只好把玉米丢得老远。干了一会儿，心怡实在太累了，于是，我和她交换了工作。我来掰玉米，她给玉米脱衣服。一开始只要把玉米摘下来，扔到岸上，让心怡把玉米外套给剥了。可后来，到了玉米地里面，却要把玉米秆子踢倒，再摘玉米。这可惨了，我穿的是凉鞋，如果没有踢好，我的脚就仿佛和石头进行亲密接触，给我疼的呀！即便是这样，我依然乐在其中。

太阳下山了，回到家里时，我都被太阳公公“关照”得发黑了，再看看心雨她俩，也没有比我好到哪去。我们不禁相视而笑，看着地上像小山堆似的玉米，心里的喜悦油然而生。

都说一分辛劳一分收获。果真如此，劳动是辛苦的，收获却是甜蜜的。

（42班罗虹）

点评：小作者择取假日劳作的视角，向读者展示了平时并不常见的一幕——摘玉米。虽然累，小作者却通过细腻的笔触，在徐徐清风中感受到了自然地轻抚，在挥汗如雨中享受到了劳动的快乐。

指导老师：彭桃英

让心底盛开一朵花

北风呼啸，一阵冷似一阵，寒意直往衣领里钻。独自走在回家的路上，脚步匆匆，只想早点回家开启暖气，然后坐在沙发上吃着零食，看着电视。外面实在太冷了！于是，脚步又加快了些。

走到了人行道的最后一个拐角，只见一群人把那里挤得水泄不通，我打算绕道而行。这时，一辆汽车从我面前呼啸而过，吓得我赶紧缩了回来。太危险了！还是从人群中穿过去吧。

钻进人群，才看到这样一幕：一个五十多岁的男子抱着双腿坐在地上，裸露的手背上有擦伤的痕迹，伤口不深，但是也能看出好似有血迹即将渗漏出来，一辆自行车倒在地上，轮子已经凹进去了。另一个男子则在一旁低眉顺眼地连声道歉，原来是这位骑自行车的男子把他撞了。

看来又是一起交通事故，接下来准是没完没了的吵架。旁边围观的人越来越多，大多是一副幸灾乐祸的模样。我也停下了脚步，打算看看事态如何发展。可是，让人难以置信的是，受伤的男子站起身子，活动了一下双腿，发现走路并无大碍，手臂也只有擦伤，就笑了笑对道歉的男子说："没事，小问题，回去贴上创可贴就可以了。你也别太自责，我也有错，走路的时候没注意周围的情况。”道歉的男子终于不再战战兢兢，又说了几句好话，便推着自行车离开了，人群也渐渐散去。一切又恢复了平静，好像什么事情都没有发生过。

走在回家的路上，我感慨万千。像今天这样的交通事故，我们时常遇到，哪一次不是吵得不可开交，哪一次不是争得面红耳赤，甚至引发争斗我们也是司空见惯。可唯有这一次能平静地解决，这是为什么？因为受伤的男子有着一颗善良的、宽容的心。所以他不会暴跳如雷，不会得理不饶人。

想到这，我不禁觉得浑身暖和了。我想，如果人人心中都盛开着一朵善良的花，我们的社会不会变得更和谐吗？

（39班王烨）

点评：时代在进步，而文明却在退步。我们在感叹人性冷漠的同时，便会不知不觉地封闭起自己的内心。如果人人都以冷漠示人，又哪有温情可言。读了小作者的这篇文章，我们是否会有所思，有所悟呢？善良、宽容便是温情的开始。

让心底盛开一朵花，相信你我都能做到。

指导老师：陈颖玉

我爱那抹红

菊的不惧秋霜，让人敬畏；

荷的出淤泥而不染，让人赞叹；

竹的咬定青山不放松，让人折服。

但，桃花，那抹淡淡的红，更让我心生喜爱之情。

远远望去，绯红的一片，似天边的朝霞，格外引人注目。往近细瞅，又只剩下淡淡的红了，好一个“花色遥看近却无”！雪白的花瓣上镶着一圈红边，唇红齿白，娇羞欲滴。难道“林黛玉”便是这副模样？羞羞答答的，隐藏着丝丝忧愁，便不敢红得那样彻底。

站在树底下，好似身在花海，无尽的沉醉，只觉自己也成了花枝上的一瓣。细小娇嫩的叶子好不容易从她的身后挤出一点身段，刚一探出头来，又被压了下去。此刻，唯有桃花才是这棵树的主角，有婀娜绽放的，有羞涩地红着脸的，像刚出浴的美人，漂亮极了！让我只感觉到一个粉红的屏障将我团团围住。

清风袭来，只见满树婆娑，轻轻摇曳，拂过脸颊的是缕缕的、丝丝的清香……花瓣纷纷扬扬，像骄傲的舞者，轻盈，曼妙，不染纤尘。一瞬间，地上已满是洒落的花瓣儿。“落红不是无情物，化作春泥更护花”，来年的春天，不又是一抹亮丽的红吗？

树叶终于从那抹红中凸显出来，残留的红色终于经不起岁月的摧残而渐渐淡去，哪怕是再坚强的在几场春雨之后也只能漠然退出，但是那抹红早已尘封于心中了……

（39班刘佳佳）

点评：小作者能在考场短短四十分钟的时间内写出一篇如此文辞优美的佳作来，可见其功底不错。排比句开头，先声夺人，在与菊、荷、竹的对比中，更见其对桃花的喜爱。在对桃花的描写中，由外及内，写出了喜爱桃花的原因，紧扣主题，层层递进。结尾耐人寻味，很有特色。

指导老师：陈颖玉

那棵桂花树

老家门前，种着一棵桂花树，一到秋天，满树星星点点的桂花散发着清香，那诱人的香味总会吸引不少乡亲们驻足欣赏。哪怕是在萧瑟的秋冬季节，它也是郁郁葱葱的，在以黄色为主色调的世界里显得那样与众不同。

从我懂事起，这棵桂花树便开始每年如期绽放。小时候，我喜欢在树底下嬉戏，围着它打转，抚摸它粗糙的皮肤，观察它发出的新枝，树干是不是又高出了一大截。傍晚时分，便依在树下，看着落日的余晖挥洒在它的身上，好似为它披上了一件金色的薄纱。晚上，月光透过层层的树叶落到地上来，斑斑点点的，一切都变得寂静了。桂花树也沉浸在这一片静谧之中，听不到树叶沙沙声，草丛中偶尔有三两只虫儿在轻轻地唱着摇篮曲。

如今桂花树已不在身边，我搬到了城市，处在一个陌生的环境，一度让我害怕。慢慢地，我适应了城市的生活，但还是会情不自禁地想起老家的那棵桂花树，心里便会空落落的。校园里也种着许多的桂花树，每到开花季节，芳香四溢，但不知为什么总不是记忆中的那种味道。又到桂花飘落的季节，梦境中，再一次看到了那棵桂花树，仿佛就在眼前，想伸手抓住，却又那么遥远。

现在，回老家的次数越来越少了，与桂花树相见的次数也越来越少了。但是，我相信这棵桂花树不会消失，那个美丽的梦也不会消失……

（39班刘星雨）

点评：古人寄情于明月，写下不少脍炙人口的诗篇。本文的小作者寄情于那棵桂花树，同样写得情真意切。小时候与桂花树的故事显得那样美好，后来离开家乡身处城市，桂花树频来入梦，可见其思乡之切。借景抒情，更加委婉动人。

指导老师：陈颖玉

那一次，我真冤

生活就像一个五味瓶，或酸，或甜，或苦，或辣，或咸……种种记忆就像种子般根植在我的脑海深处。其中，最令我难忘的莫过于那件事啦！

那天，金灿灿的阳光和凉爽的清风为我们合奏了一首欢快的乐曲。“铃、铃、铃”伴着下课的铃声，我们几个同学飞奔下楼。

“谁最后谁就输！”刚到楼下，不知谁这样大声吼了一句。话音刚落，只见他如离弦之箭“嗖”的一声飞了出去。我们也不甘示弱，都使出了九牛二虎之力，埋头往前冲。平时不好运动的我，只恨爹娘少生了几条腿，憋着红红的脸却依然落在了后面。

“啊！”伴着一声尖叫，一个人影在我眼前摔倒在地。我连忙一个急刹车，弯下腰去扶他：“你没事吧？”

他半天才回过神来，冲我大吼

道："还说，就是你把我撞的！"

我吗？我的大脑监控仔细寻找着每一个角落，却一无所获："不是我啊。"我恨不得把我大脑里的监控拿给他看，可惜不可以。我当时只看见一个身影稍一停顿就溜之大吉了，此时踪迹全无，不知去向。

我试图向摔倒的同学解释清楚，不是我撞到了他，可是他自己也没有瞧清楚是谁撞了他，便认定罪魁祸首是离他最近的我。我向来不善言辞，而一模一样的校服也让我百嘴莫辩。我本想，算啦算啦，反正也没什么大事，大不了我跟他道歉呗。谁知，正在我准备道歉时，一个老师走了过来："什么事？"

刚刚摔倒的同学依然怒气冲冲，指着我投诉道："他撞了我还不承认。"

"本来就不是我撞的。"我也忍不住口气有点冲了，这被冤枉的滋味真不好受。

老师见我们各执一词，指了指我，示意我跟着他到学生科去。我低着头，进了学生科，面对"受害者"理直气壮地指控，我只好大事化小，低头认错。谁让自己在操场奔跑呢？唉，这冤大头当得可真郁闷！

（42班周佳昱）

点评：课间一件小事，其实折射了生活的点点滴滴。一个大集体，平时的磕磕碰碰是少不了的，其实只要我们都有一颗宽容之心，这些"或酸，或甜，或苦，或辣，或咸"的小插曲，都会成为年少记忆的朵朵浪花。今日，你会为之委屈，明日，你会为之微笑。

指导老师：彭桃英

难忘的送别

夏去，秋来，秋去，冬来……已经快有一年半了吧。脚底干枯的树叶发出“咯吱咯吱”的声音，好像在嘲笑我似的，我低着头，在计算着日子，抬起头，看见一个孩子在与他哥哥玩耍，心中久久不能平静，过了一会便陷入了回忆……

记得那是一个灰暗的日子，火车站旁，哥哥背着挎包，侧脸望去，脸色刚毅而沉稳。他向我挥了挥手，我强颜欢笑，带着僵硬的笑，生涩的小手摇晃在风中。哥哥终于忍不住了，一丝清泪划过脸颊，他想掩饰，但还是被我看出来了，我拖着沉重的步伐走去，替他擦了擦脸，没想到我的眼泪在此刻却不争气地流了出来。我紧紧抱住哥哥，低声哀求：“哥哥，不要走！”一会儿，我又细细叮咛：“哥哥，好好照顾自己！”见我久久不松开，爸爸上来拉我，轻轻地告诉我：“哥哥去当兵是保家卫国，你要向哥哥学习，长大成为一个有用的人。”这句话不仅萦绕在我的耳旁，更驻扎我的心中。

“呼……”火车无情的笛声要将我们分开了，我恋恋不舍地握着哥哥的手，想让时间就定格在这一刻。过了一会儿，哥哥还是走了，我觉得心里空落落的，像丢了魂似的，脑海里一片空白……

从回忆中醒来，那干枯的树叶发出声音不再刺耳，重新踏上征程，一个全新的我出发了！

（41班吴祖羿）

点评：本文语言隽永，感情细腻，娓娓诉说着与哥哥在车站离别时的不舍，离别后的惆怅，调整心态后的自我鼓励。文章首尾呼应，环境描写更好地烘托了人物的心情。

指导老师：陈惠

我读懂了奉献

奉献是什么？是“春蚕到死丝方尽，蜡炬成灰泪始干”的执着；是“随风潜入夜，润物细无声”的无私；也是“落红不是无情物，化作春泥更护花”的坦然。

王老师是我们的生活老师，她每天不辞劳苦地照顾着我们，无微不至地关爱我们，所以我们亲切地称她为“王老”。我与王老之间发生过许多难忘的故事，但最使我感动的是那一件小事。

那是一个月黑风高的夜晚，我们上完晚自习，排好队，井然有序地进了寝室。连廊上，王老依然微笑着迎接我们的回来，只是异常的是：王老在不断用手按压着腰。我迷惑不解，便问王老：“王老，您这是在干什么?”王老直起腰，挥了挥手：“没什么，快去洗漱。”我洗漱完毕，躺在床上，习惯性地回想着白天发生的事。嘿嘿，我自诩为这也算是“吾日三省吾身”了吧。这时，王老走过来，轻轻对我说：“寝室长，管好纪律，我有事出去一下。”我再次迷惑，听王老的语气有

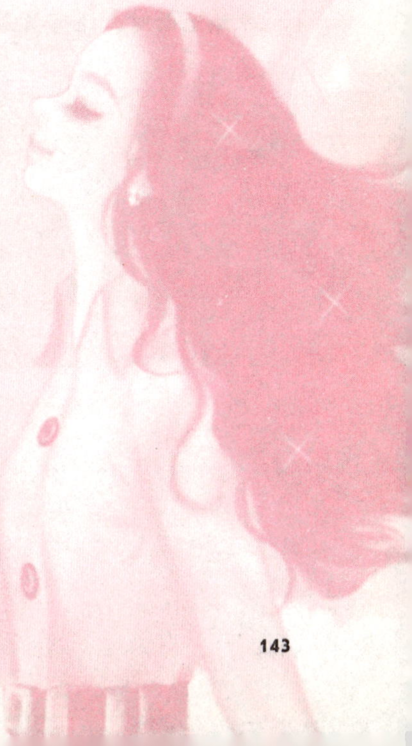

几分急促，这是为什么呢？平时在我们就寝时总是流连在两间寝室的王老，会有什么事呢？我不禁浮想联翩，总觉得王老一定有事瞒着我们。

过了好一阵，我觉得肚子突然隐隐作痛，想到王老那还有我上次没用完的药，便穿好衣服向王老寝室走去。快到老师寝室了，我隐隐听到里面有王老的声音，便凑上前几步，“偷听”起来。模糊听到袁老师说：“老王，你也真是的，老毛病犯了也不回家休息，腰痛得这么厉害还死撑着。”王老说：“不是我死撑，实在是这帮孩子我不放心。眼看他们就要毕业考试了，容不得半点疏忽啊。我要是请假了，心里也放不下。带了几年了，只有我最了解他们。这老毛病，咬咬牙就过去了！”听到这，我不禁放下了准备敲门的手。

谁说一定要轰轰烈烈才是大爱，王老的点点滴滴让我明白：她的坚守是大爱！她的执着是大爱！她的无怨无悔，让我真真切切读懂了奉献！

（42班彭泽邦）

点评：爱在生活的点点滴滴！小作者用最真实的事例，向我们诠释了最朴实、最无私的大爱。是呀，“落红不是无情物，化作春泥更护花。”有曾经的璀璨，必然有过后的凋零。可是，难能可贵的是坦然地面对，还有执着的坚守。

指导老师：彭桃英

我家还缺啥

我家还缺啥？冰箱、电视、电脑、汽车……样样齐全，物质方面我家啥都不缺。不过精神方面还缺了点什么。想知道？请看下文。

记得一个星期六，阳光明媚，街边几个小孩优哉游哉骑着自行车，还愉快地交谈着他们玩耍中的趣事。这当然是快乐的，而我却只能眼巴巴地看着，还有一大堆的作业等着我。

回想在学校里学习特别紧张，好不容易迎来了这次假期，却还要软禁在这“牢房”里，等待着作业的“折磨”……我越想越生气，鼓起勇气，干脆出去玩个痛痛快快好啦！

来到妈妈面前我却完全没了刚才那股劲了，喃喃自语：“妈妈，我可以出去走一会吗？”话音刚落，妈妈斩钉截铁地说：“作业做完了？没有就不准出门！”“哎！”我叹了口气，垂头丧气地回到了房间里。

不止我不自由，爸爸也和我一样是“囚友”啊！

快听！早晨六点多，爸爸的电话响个不停，原来这是病人打来电话催促爸爸出诊的。爸爸只好起床去看诊，回来差不多九点了，还没吃早餐，刚进门电话像个催命符一样又响了，爸爸只好拿起药箱又出门了……

嘿，你现在知道了吧，没错，我家就是缺少自由，我因为学习不自由，爸爸因为工作不自由。

（41班彭璧）

点评： 在物质生活丰盈的今天，面对我家还缺啥这个问题，着实让人思考。小作者立意的角度比较新颖——我家还缺自由，从自己的生活经历出发，详写了我因为学习失去自由，略写了爸爸因为工作失去自由，详略处理得当。简洁的语言是值得大家学习的另一个方面。

指导老师：陈惠

我喜欢围棋

我曾经学了几年围棋，虽然由于种种原因，我现在已经没有继续学了，但是在我的脑海中，学围棋的种种依然记忆犹新。

那时我学得认真，棋艺也不断提高，从初级班调到了高级班。高级班的老师便是那个瘦瘦的、脸黑黑的汪老师，讲课却讲得非常好。

到了高级班的我不再有初级班那么威风了，高级班的学生都是参加过多次比赛并获过奖的，而我却是里面的无名小卒，太平凡不过了。可我没有灰心，而是认真听汪老师讲课：怎样布局，怎样占领地盘等各种技巧。功夫不负有心人，经过一学期的努力，我的技术突飞猛进，甚至可以打败一些原来高级班的同学了。再经过暑假的培训，我就要去考级了。

老妈是个路痴，去考级的时

候，路上问了许多人才找到那所要比赛的学校。一进校门便是人山人海，到处是喧嚣的声音。天空还飘着丝丝细雨，身上感觉黏搭搭的。我走进教室，坐下来就要和对手PK了。对手的棋艺也不怎么样，几下就被我打败了。第二个对手是个胖胖的小男孩，大概是他爸妈看了我前面的比赛，就叮嘱那男孩说我技术高，要他小心应对。只见他咬住嘴唇全神贯注盯着棋盘，可尽管如此，我执的黑棋像一群“黑虎”，把那些“白额大虫”一个个吞噬了，时间已到，白棋已经所剩无几，黑子却是星罗棋布，不用说，这盘我赢了。

午饭过后，蓦然发现时间已迫近比拼，我慌慌忙忙地赶到了比赛场地。对手有点眼熟，上午我抽空看了他几场比试。我不敢大意了——上午他也是连赢好几个对手的。我发现他总爱用调虎离山之计，一会儿把棋下左边，一会儿又下右边。总之东西南北都被他下尽，明知道他在用计，我却傻瓜样地跟着他左跑右跑，自己却没有占领一个地盘。这样一来白棋都紧紧连在一起，在白多黑少的情况下，他立马向我杀来，转瞬之间，棋盘上的黑子已经没有几颗了，最后我回天乏力，一败涂地。

虽然到最后我晋级不成功，但是在这次比赛中，我不仅做了自己最喜欢的事，还积累了许多经验，增长了不少的见识。在以后的生活中，我希望自己都能像下棋一样，踏踏实实地走好每一步。

（42班罗镶杰）

点评：兴趣，永远是最好的老师。小作者平时的作文并不是特别出色，但本文却内容丰富，叙事条理清晰，遣词用语也还到位。比赛过后，还能总结反思，由事到理，娓娓道来，是写作上的一大进步。

指导老师：彭桃英

与书的对话

书，是世间的宠儿，经常被人捧在手心里，即使这样，他也有烦恼。

只见他皱着眉头，伤心地说："为什么总有人觉得我很无聊呢？他们只要一看见我就想睡觉。"我想了想，说："并不是所有人都这样认为呀，我就觉得你很有趣。像《女巫》里，男孩和女巫的战斗就很有吸引力；《百科全书》带给我们一个个新奇的世界，令我们爱不释手呢！"

书听完我的叙说，紧皱的眉头稍微舒展了些，又不解地问："那为

什么也有人说我平淡无味呢？”我脱口而出：“谁说的？林黛玉含泪焚诗肝肠寸断，武松醉酒打虎痛快淋漓，火烧赤壁惊心动魄……这些故事情节都令人牵肠挂肚，何来平淡无味之说？”

书听着听着，眼睛不觉弯得如月牙一般，可是他还是稍有不解地问道：“可是，我为什么还是经常遭受虐待，总有人随意损坏我们，是不是我很令人讨厌呢？”我惊讶地说：“怎么可能，你可是人类的精神食粮，给了我们无穷无尽的知识和力量，跟你交谈时总感觉时间匆匆。鲁滨孙的勇敢乐观、智慧坚毅使我在遇到困难时不再轻言放弃；《麦琪的礼物》折射出的是人性的美好，让我不再怀疑人间缺少温暖；《儒林外史》中形形色色的读书人又让我觉得封建科举制度对人的毒害是多么的深；而中华五千年历史长河中出现的英雄人物又令我肃然起敬……因为有你，我的生活不再枯燥乏味；因为有你，我的世界变得色彩斑斓。”

我深情地注视着书，书也乐开了花，高兴地对我说：“谢谢你，朋友！”我也高兴地说：“不用谢，与你交谈本就是一件开心的事情，希望每天都能与你相见。”书若有所思地点点头。

朋友，畅游在你的世界里，是我最美好的时光。

（39班李可馨）

点评：从小作者与书的对话中，我们可以看出小作者平时的阅读面挺广的。她巧妙地将自己所读之书通过对话的形式表现出来，这种写作的方式很有创意。

指导老师：陈颖玉

风中的野菊花

迎着阵阵微风，一朵朵野菊花在风中摇曳着。芬芳与迷人勾勒出最美的画面。每一朵野菊花都是一张笑脸，不论风吹还是雨打，都露出迷人的笑容。

我不喜欢温室里的花朵，即使是多么娇艳欲滴，多么芳香扑鼻，因为它们的一生注定风平浪静，注定温暖舒适，那样的生活又有什么意义呢？我欣赏的是不畏艰难险阻在岩石下或者悬崖边不屈向上的野菊花。

人生，稍纵即逝。一路走到现在，有伤心与孤独，有悲伤有无助，还好那一年秋天我看到了那一株株搏击风雨的野菊花。它们的样子，印在我的心底，绽放着别样的风采。

一声声悲鸣，一个个垂着头，丧着脸，大家的思想与灵魂都被照片上那个慈祥的老人勾去了。白色头巾，一个个大字再加上一首首让我悲痛欲绝的丧歌，一派的死气沉沉。照片上那个人就是我亲爱的外公。在这寒风萧瑟的秋天，死神竟然剥夺了他的生命。心中的痛楚，灵魂的创伤是不可用语言来形容的。大家在一起只能默默地哭泣，为他老人家祈祷与祝愿。而心灵早已支离破碎的我，只能在屋子的尽头逗弄着狗尾巴草来缓解心中的伤痛。一滴滴泪水无声地滴落。我不想参加什么丧礼，因为我知道，那会让我更加痛苦，更加绝望。一幅幅画面像电影一般在我心头一遍一遍地重演。一句句家常，一声声叮嘱……多么快乐的画面啊！可就这样一去不复返了。越想我的心就更

的脸上。阳光下的野菊花似乎看透了我的心思，在风中变得更加迷人了。就这样，一片美丽的野菊花在我的心灵上播种，发芽。

每当我想起外公，我就会想起这一片野菊花，是它们让我走过伤心与风雨，学会在失意时露出笑容。

加绝望。我握紧拳头，咬着牙，就当我牙齿在我嘴唇上留下齿印时，我再也忍不住了，一路奔驰，挥洒泪水与汗水来释放痛苦。就在我筋疲力尽时，一片黄色的野菊花出现在我眼前，风中它们翩翩起舞，好美，好美，如同天使绽开了笑容。这片美丽的野菊花让我的心陶醉与着迷，我的手不由自主地轻轻抚摸着它们，那柔和的感觉让我的心如同坠入大海不能自拔。这美妙让我暂时忘却了痛苦。美丽的野菊花在秋日午后阳光的照耀下，如同一个个黄色精灵闪烁，跳跃。仔细一看，每一朵野菊花都有细小的断裂口，这是什么？我忽然茅塞顿开，这就是它们搏击风雨的最好证据，这也是它们这么迷人的原因。我被这一发现怔住了心神。眼中流淌的泪水被抹去，坚强的微笑浮现在我

（43班邹轻文）

点评：从你的字里行间，老师感觉你是一个心思十分细腻的小男孩。文章将自己的心理剖析深刻，同时学会在大自然当中去找启示。文章语言精美，感情丰富，修辞手法恰当，不愧是一篇佳作。

指导老师：周亚琼

奉献之花

诚信之花，可以让你得到友谊；独立之花，可以让你得到自强；奉献之花，可以让你得到尊重。

1898年12月26日是居里夫人和她丈夫发现放射性元素镭的日子。当时，法国科学院人声鼎沸。一位年轻漂亮、神色庄重又略显疲倦的妇人走上讲台，全场立即肃然无声。今天她要和她的丈夫在这里宣布一项惊人的发现：天然放射性元素镭。为这项发现他们也付出了沉重的代价。为了提炼纯净的镭，居里夫人搞到了一吨可能含镭的工业废渣，在院子里一锅一锅的冶炼，然后再送到化验室溶解、沉淀、分析。玛丽·居里终日在烟熏火燎中搅拌着锅里的矿渣。她的衣裙上、双手上留下了酸碱带来的点点伤痕，一位美丽年轻的女子，将生命都奉献在了科学事业上。正因为她坚定、刚毅、顽强，有远大、执着的追求，所以取得了卓越的成绩。居里夫人的美名在历史上留下了一块永远的里程碑。

著名科学家爱因斯坦说过：“在所有世界名人中，玛丽·居里是唯一没有被盛名宠坏的人。”她一生共得到了10项奖金、16种奖章、107个名誉头衔，特别是获得了两次诺贝尔奖。她本来可以躺在任何一项大奖或者任何一项名誉上尽情享受。但是她视名利如粪土，她将奖金捐赠给科研事业和战争中的法国，而将那些奖章送给6岁小女儿当玩具。她一如既往，为科学事业而奋斗，为科学事业奉献，在她的心里早已经开出了一朵伟大的奉献之花！

（43班徐莎）

点评：小作者行文流畅，着重抓住居里夫人在炼镭过程中的细节描写以及社会各界对她的评价，以突出了她的奉献之大。希望你在以后的人生之路上也如她一样在心中开出一朵奉献之花！

指导老师：周亚琼

难忘的第一次

儿童时代，第一次的开端，失败的开始，成功的未来。我拥有无数个童年第一次的美好回忆：像一个个脚印，印在成长的道路上；像一片片落叶，飘洒在人生的道路中；像一味味调味剂，调试着我的心。

风和日丽的一天，爸爸带我去万科城学旱冰。一进去，我就被里面的场景吸引了。有的像蜻蜓一样轻松自在地翩翩起舞，有的则像燕子一样敏捷地避开障碍物，还有的则几十人成队玩起了“长龙”游戏。再看看和我一样的初学者，有的扶着栏杆，一步一步地走着。还有的竟然害怕得在地上爬，就像只小乌龟，让我忍俊不禁。

我也开始行动了，穿上溜冰鞋，戴上“护甲”在爸爸的指导下开始战战兢兢地滑着。对于一个初学者来说，抬起脚就像抬起千斤重的铅，每走一步都是如此困难。结果一不小心，摔了一个“四脚朝天”。这一跤把我的胆子摔小了，无论爸爸如何鼓励，我都不敢迈步了。站在偌大的旱冰场我就感觉自己是一只失去保护壳的蜗牛颤颤巍巍的。“好了，你休息一下吧！”爸爸关心地对我说。想起刚来溜冰场时的欢欣鼓舞，我把心一横，决心不学会就不回家。我坚定地对爸爸说：“不，爸爸，我决定再试试。”可溜冰鞋似乎存心和我作对，又让我连连摔跤。我耷拉着脑袋，一动不动地坐在地上。爸爸走过来语重心长地说：“孩子，学溜冰要掌握窍门、要领。最重要的就是要克服心理上的一大障碍——摔跤！”听了爸爸的话，我开始琢磨别人溜冰的样子。我发现了一个大问题——姿势不对。别人的身子是向前倾的，而我的是直立的。别人的手在前后摆动，而我的手却没有动。掌握了要领，我又迈出了步子。

果然，不到一小时，我学会了滑冰。我的速度越来越快，技术越来越好，并且学会了几个花样。爸爸对我伸出了大拇指。

通过这一次滑冰，我尝到了摔跤的痛苦，也尝到了成功的喜悦。最关键的是我明白了一个道理：不要因为一点小困难就半途而废，只要我们有克服困难的决心就一定会成功。这一次学溜冰，我一定会铭记在心。

（43班胡灿）

点评：很多同学在写这类的文章时经常会犯这种错误：一开始不会，别人指点了一下，马上就会了。而文中作者构思有独创性：把自己一次次失败的经历、成功的经验都用具体生动的语言描述出来。让读者感受到了他是如何从不会到会，一步一步迈向成功的。

指导老师：周亚琼

让心底盛开一朵花

泱泱华夏五千年，才子层出不穷。“江山代有人才出，各领风骚数百年。”李白的潇洒固然令人羡慕，但陶渊明的“采菊东篱下，悠然见南山”更令人心驰神往，这是超脱于世的飘逸。孟郊的“春风得意马蹄疾，一日看尽长安花”固然使人欢喜，但谁说“人面不知何处去，桃花依旧笑春风”不曾有深深的无奈呢？今天，就让我同你一起踏进漫漫历史长河，品味尘封中的淡淡花香吧。

与世无争——菊花

青山绿水之中，总有一股淡淡的香，飘逸，超凡脱俗，带着沁人心脾的淡雅之香。与李白的傲岸不羁相反，他——陶渊明，透露着隐士的平静。并不是懦弱的乐于平静，而是深爱在青山绿水间徜徉，在田园生活里的欢笑，这不正是菊花的情怀吗？也许只是路边的一缕点缀，但仍然有着流入心间的香。正是因为乐山乐水愿与之融为一

体，才这样平凡而又美丽。这缕香，让人无法忘怀。

心中有情——落花

秋后，花已凋零，但仍奉献着最后的力量，让抚育它的这块土地更加肥沃。这是一种高尚的情怀、崇高的境界。龚自珍在离愁上涌，斜阳染红半边天之际，吟起这样一首诗："浩荡离愁白日斜，吟鞭东指即天涯。落红不是无情物，化作春泥更护花。"落日把龚自珍的影子拉得长长的，他要衣锦还乡了，但是，却仍为国家着想，这难道不是崇高志向的坦露吗？花已残，但仍有股浓浓的香，是奉献。

每个人心中都有这样一朵花，是本色，是真情。或许艳丽，或许温馨，不管怎样，一定要绽放它的美丽。

（43班罗昊天）

点评：从文章中，老师发现你不仅对中国文学史上这些名家十分熟知，而且有自己的独到见解。其实文章还可以引申到你自己的日常生活当中，表明你自己的立场与态度！文章语言流畅且生动，引用十分精彩！

指导老师：周亚琼

幸福的味道

幸福是一片浸泡在牛奶里的柠檬，分不清是清还是纯。幸福仿佛是一层轻纱，怎么也看不透。每个人对幸福的理解并不一样，但在我眼里幸福却是有味道的。

“叮咚——叮咚——”门铃终于响了，家里所有的人都在等妈妈回来。只见母亲站在门外，她显然遭到了坏天气的袭击，凌乱的发丝下，原本白皙的肌肤显得更加苍白。她指着手上的袋子，用月牙般的眼睛看着我和弟弟们说：“嗨，宝贝们，看我给你们买了什么!”这时我才发现，她提袋的那只手上已被勒出了红印。我心里一阵酸楚，慌忙地接过袋子。向里面一望，我怔住了：啊，这不是我和弟弟们最爱喝的奶茶么！她竟然不顾这么大的风下了班特意去为我们买奶茶！弟弟们抢过袋子开始津津有味地喝了起来。望着妈妈略显苍老的背影，我的眼角微微润湿了。“孩子，你怎么不喝，平时你不是最爱喝奶茶的吗？六年级升学压力大，先喝杯奶

茶暖暖胃，再去学习好吗?”说着，她将我的手放在杯子上，好暖好暖，像是寒冷中拥抱我的母亲的体温。我打开杯盖，浅咖啡色的奶茶冒着热气，融入干冷的空气中。我忍不住吸了一大口，柔和的甜味立刻散开，丝绸般柔滑，仿佛母亲在用她那温暖的手抚摸着我；接着，茶的清香萦绕在舌尖，冲走了寒冷与干渴，一股暖流在心房里冲撞、回旋。椰果软滑而绵密，小心地嚼着，像是一件易碎品一样，怕我一咽下，这种幸福的感觉就消失了。但事实上不是，这种味道更加醇厚了，扩散到整个口腔，扩散到整个房间。空气中的每一个分子都使我感到前所未有的快乐，我被这幸福的味道包裹了。没有什么比冬天里喝一杯温暖的奶茶更幸福的了，没有什么比感受这无微不至的母爱更幸福的了。

我就这样恋上了一种味道，幸福的味道。

（43班李钰）

点评：本文感情真挚、细腻，于平凡中见真情。通过回忆往事写出了妈妈对作者无私的爱，让作者感受到了幸福的味道，感恩之情溢于言表，也表达了作者对比山高、比海深的母爱的赞扬，行文流畅，主题鲜明。

指导老师：周亚琼

母爱的味道

母爱像一阵清风，吹走了我的烦恼；母爱似一场春雨，滋润着我的心田；母爱是一缕阳光，照亮了我的内心。可是，母爱的味道究竟是什么样的呢？

风怒吼着，卷起雨珠，敲打着窗，似乎想冲进屋里来。我被惊醒了，习惯性地向床边看去——没有人。我连忙起床，向房间外看了看，天还没有大亮，屋子里朦朦胧胧的，妈妈不在。我想：应该是买菜去了吧。再次走进房间，穿好衣服，正当我在慢悠悠地洗脸时，妈妈回来了。她虽然撑着伞，可衣服仍然被雨淋得湿漉漉的，手上还提着一袋东西。我问道：“妈妈，你买了什么呀？”“是龙虾。”妈妈一边放伞一边往厨房走去，“你先去房间玩吧，龙虾还要很久才能做好呢！”我只好回房间写作业。

一上午过去了，妈妈终于做好了菜，热腾腾的龙虾端了上来。可我仔细看时，发现妈妈的手被冷水浸得发紫，血丝如开败的梅花残留在她手上。我急忙问妈妈：“你的手怎么变成这样了？”妈妈笑笑说：“没事，快点吃龙虾吧。”说完，用手剥了一只放进我的碗中。虾吃进嘴里，就如蜜灌进了心里。哦！我明白了，母爱的味道是甜甜的。

下午，雨过天晴，我走出屋子，太阳照在身上，就如母爱一般的滋味，暖暖的！

（40班李卓倪）

点评：平时我们总说“题好一半文”，在这次习作中你做到了。虽然也是描写母爱的文章，但是角度更独特。同时，文章中的环境描写为情感的渲染做了很好的铺垫。

指导老师：刘旭明

让我感动的一件事

生活中令我感动的事就像星星一样多，数也数不清，可是有件事，我却永远也无法忘记。

那是一年夏天，天气热得有些反常，街道上连半个人影也见不到。而恰恰就在这个时候我们家没水了。爷爷知道了，赶忙打电话给水电公司。就在我们等得万分焦急时，“咚、咚、咚！”传来一阵敲门声，我赶紧上前去开门，此时的我仿佛在沙漠中看到绿洲一般，用一种期待的眼神望着那个修水电的叔叔。那是一位个子高高的叔叔，饱经风霜的脸上爬满了皱纹。我们连忙把他请了进来。叔叔一进来便向我们了解具体情况，弄清楚原因后他便认真地修起来。他的动作可真专业：先熟练地将里面的线轻轻连上，然后又把那个已经覆盖着一层灰尘的旧外壳小心翼翼地取下来，装上一个新的。过了许久，水管修好了，但叔叔的衣服也被汗水给浸透了。看到这个情景，我们连忙请那位叔叔留下来喝杯茶。可叔叔却用坚定的语气谢绝了我们的好意，他微微喘着气说：“我还有很多的事情要做。”说完便转身离开了。

看着他远去的背影，我想：叔叔不畏酷暑来帮我们修理水管的精神多么可贵呀，我以后也要成为一个像他这样有责任感的人。

（40班张悦馨）

评语：生活中，这样平凡的小事很常见，这样平凡的人也很多，可正因为他们的不起眼便被我们所忽略。你有一双善于观察的眼睛，通过人物的动作、神态描写，将一个平凡人尽职尽责的精神表现得淋漓尽致。

指导老师：刘旭明

我爱家乡

湘潭——我的家乡！我在这儿出生，在这儿长大。她就像我的另一个母亲。

我爱家乡的风景。走在家乡的小路上，清风徐徐，呼吸一口清新的空气，立刻使人神清气爽、精神百倍。树木都穿着盛装，摇曳风中，翩翩起舞出婆娑的影子。柳树姑娘那长长的秀发更是令我们驻足痴望。小溪也在向我们展示她那迷人的嗓音，“叮叮咚咚”的声响清脆而优美。四周的小动物们都被感染了，纷纷加入其中，构成了一支美妙的大合唱。

我爱家乡的美食。湘潭有着“莲子之乡”的美誉。每次去外婆家，我们总要摘一些回来，它个头很小，如晶莹剔透的珍珠般，你可别被它的外表所迷惑了，它外表虽然挺好看的，但“内心”是那种无法形容的苦，简直比苦瓜还苦。可是俗话说“良药苦口利于病”这倒真不假，虽然莲心很苦，但是好处多多。它可以入药，可以泡茶，在炎热的夏天，它是清热解暑的利器……总之，莲子是我们家乡不可多得的美食。

我爱家乡的人。湘潭人没有台湾人的腼腆可爱，也没有上海人的温文尔雅，更没有四川人的火爆热辣，但是，他们有一种内在的温和与热情。每次回老家，隔壁的邻居总是邀请我们去他家吃饭，菜肴丰盛的餐桌上时时传出阵阵笑声，虽然我们不是亲人却胜似亲人！

我爱家乡！爱她的朴素，爱她的美丽，爱她的一切！

（40班周倩遥）

点评： 文章结构清晰，层次分明。从家乡的美景、美食以及热情的家乡人三方面展开叙述，表达出对家乡的热爱之情。

指导老师：刘旭明

我读懂了孝顺

俗话说："百善孝为先。"从前我并不懂得什么是真正的孝顺，但后来，从妈妈身上我学会了。

周末，我们一家去乡下看外公外婆。说实话，我并不喜欢来外婆家，倒不是不想回来看望他们，只是他们家里环境太差，我很不习惯。尤其是厕所，只是挖了个坑，搭几块木板便完事了。每次上厕所，里面还有不少白色的蛆，让人看了就恶心。谁知，怕什么来什么。刚进屋，外婆便叫我："我有东西掉在厕所那边了，你去帮我捡一下。"我一听，赶紧跑了，我可不敢去！妈妈从房间出来了，说："妈，我去吧！"说着，跑到厕所将东西捡了起来，还用水洗干净才交给外婆。当时，我的内心有点惭愧，妈妈也不喜欢脏的地方呀，但她却去了，而我却像逃兵一样溜走了。

吃过晚饭后，妈妈扶着外公去散步。外公年纪大了，而且因为一场事故他的右眼瞎了，左眼视力也很差，远处的东西都看不清，写字之类的必须戴眼镜。一路上，妈妈耐心地提醒着外公，带着他绕过障碍、小坑，就这样一步步地度过了黄昏……

回到家，妈妈也不闲着，忙着给外公外婆烧水，还亲自帮两位老人洗脚，看到两位老人笑了，自己便开心了。我目睹着妈妈所做的一切，心里有了些感触，如果要评选最孝顺子女，妈妈肯定当之无愧！

睡觉前我问妈妈："你为什么要帮外公外婆做那么多事，洗脚他们自己也会啊！"妈妈笑着说："父母含辛茹苦地将我们养大，等他们老了，我们自然要负责任，让他们安享晚年。"我听完后，爬到妈妈身边帮她捶起了背，"等你老了，我就天天帮你捶背！"那一刻，我清晰地看到妈妈脸上露出了欣慰的笑容。

古语有云："慈鸦尚还哺，羔羊犹跪足。"动物尚且如此，更何况人呢？

（40班刘译蔓）

点评： 条理清晰，感情真挚，我相信，妈妈用她的实际行动给你做出的示范会直达你的内心，让你对孝顺有了深刻的理解。

指导老师：刘旭明

校园访友

学习了一天，略感疲惫。望着窗外那斜红的夕阳，心想：何不趁着现在去拜访我那群要好的老朋友呢？

走下楼，刚到操场，一股雨后特有的清香便迎面扑来，迅速占满了我的嗅觉。一闻便知是我那些老朋友在吐露着芬芳。她们住在操场最贫瘠的一角，可是从不抱怨，每天都会将自己打扮得漂漂亮亮。你瞧，前几天她们还戴着紫色的帽子，今天又换成了白色，互相之间正打着招呼呢！

“你好！”

“你好！”

“今天换了身衣服呀，真好看！”

“谢谢！”

……

那些开始不敢露面的新朋友也被这和谐的气氛感染了，慢慢地探出了头，一起加入到这个友好的行列中。聊了许久，她们又开始摆动着身子，双手上下舞动起来。原来，是风先生来和他们跳舞了。一旁的小虫也不约而同地奏起了乐，大家一起兴高采烈地跳着娴熟的舞步，十分优雅。不一会儿，她们的邻居牵牛花、栀子花也加入进来，欢乐的气氛感染着在场的每一个人，真是一场空前的盛宴呀！我仿佛也是一朵花，和她们一起跳舞，一起生活……

“丁零零……”上课铃将我的心灵从痴迷中唤醒，我拍拍身上的灰尘，不舍地告别我们的好朋友，带着满怀的好心情一身轻松地走回教室。

（40班杨程宇）

点评： 构思新颖，想象奇妙，课余时间的一次小憩便是你与校园内景物们的一次心灵交流，读起来让人倍感轻松愉悦。

指导老师：刘旭明

苍茫大地

苍茫大地，中华主沉浮！

今天，是一个普天同庆的日子；今天，是纪念正义战胜邪恶的日子；今天，更是一个值得亿万中华儿女自豪的日子。70年前的今天，经过中华儿女的浴血奋战，我们终于将帝国主义强盗赶出了中国，取得了反法西斯战争的伟大胜利。

透过聚焦的镜头，我看到的是一派繁荣之景，看到的是一个实力雄厚的中国，看到的更是祖国昂首挺胸的姿态。

“嗒！嗒！嗒！”国旗护卫队整齐有力的脚步声一声声地传来，敲击着我的心房。他们的步伐是那样坚定，展现出一个大国的威严。听着雄壮的国歌，看着冉冉升起的国旗，我不禁心潮澎湃，热泪盈眶。

习主席乘坐的汽车从天安门城楼缓缓驶出，他的面容虽然稍显憔悴，但是目光是那样慈祥。只见他一路亲切地慰问将士们：“同志们辛苦了！”士兵们也大声地回应：“为人民服务！”是啊！就是这种无私奉献的精神铸造了我们的民族魂，他们就是一群可敬的祖国捍卫者。

祖国的捍卫者可不止这些，接踵而来的是更威武的装甲车、坦克，一辆辆从我们的眼前驶过。抬起头来，轰炸机、歼击机、舰载机、直升机排着同样整齐的队伍从头顶飞过。一队队“蜻蜓”结伴而来，一排排“银燕”大展风姿，后面还拖着长长的七彩尾气，精彩极了，好似整个蓝天尽在它们的掌握之中。

三个小时后，当最后一辆汽车驶出我们的视野，当最后一架飞机掠过蓝天，当最后一列队伍喊出誓言，精彩的阅兵式拉下了帷幕。

此时，我的心中感慨万分。试想，有哪一个国家的部队如此雄壮？有哪一个国家的实力如此雄厚？我不禁想起毛主席的一句诗：“问苍茫大地，谁主沉浮？”现在，我终于可以自豪地喊出：“问苍茫大地，唯我中华主沉浮！”

（39班马天骥）

点评：“9·3”阅兵是振奋人心的，孩子看到祖国的强盛，倍感自豪，把这种爱国情感用文字记录了下来。本文的小作者是一个很有思想高度的孩子，他文笔的大气与此次阅兵阵势可谓相得益彰，特别是最后的点睛之笔，铿锵有力。

指导老师：陈颖玉